Albert Rhamm

Hexenglaube und Hexenprocesse, vornämlich in den braunschweigischen Landen

Albert Rhamm

Hexenglaube und Hexenprocesse, vornämlich in den braunschweigischen Landen

ISBN/EAN: 9783742893772

Hergestellt in Europa, USA, Kanada, Australien, Japan

Cover: Foto ©ninafisch / pixelio.de

Manufactured and distributed by brebook publishing software
(www.brebook.com)

Albert Rhamm

Hexenglaube und Hexenprocesse, vornämlich in den braunschweigischen Landen

Hexenglaube und Hexenprocesse,

vornämlich

in den braunschweigischen Landen

von

A. Rhamm,
Amtsrichter.

Wolfenbüttel.

Druck und Verlag von Julius Zwißler.

1882.

Das vorliegende Schriftchen ist aus einigen Vorträgen, welche im hiesigen Ortsverein für Geschichte und Alterthumskunde unlängst gehalten wurden, hervorgegangen und beansprucht demnach nicht, den Ergebnissen der grundlegenden, z. Th. recht umfangreichen Arbeiten über das vielverhandelte Thema Neues von Erheblichkeit hinzuzufügen. Es erblickt vielmehr seine Aufgabe zunächst in dem Versuche einer durchweg auf Detailforschung gestützten, übersichtlichen und zusammengedrängten, jedoch die wesentlichen Züge thunlichst erschöpfenden Darstellung des Hexenwesens in Deutschland, der historischen Entwicklung desselben, seiner einzelnen Erscheinungsformen, der inneren Gründe für die Ausbreitung des Hexenglaubens und der Hexenprocesse, wie der Eigenthümlichkeiten der letzteren. Anderentheils ist die hier gebotene Veröffentlichung neuen Aktenmaterials Freunden der braunschweigischen Landesgeschichte vielleicht nicht ganz unwillkommen.

W.   A. Rh.

I.

Wohl keinem Volke ist der Glaube an die Einwirkung geheimnißvoller Naturkräfte auf das Wohl und Wehe der Jrdischen fremd geblieben, keinem das Streben, die höheren Gewalten in den Dienst des menschlichen Willens zu zwingen, unerreichbar erschienen. Da die ältesten Religionsübungen überall auf Naturdienst beruhen, so gehen anfänglich solche Vorstellungen vielfach im gottesdienstlichen Cultus des Stammes auf; in der Folge aber treten sie in ein gegensätzliches Verhältniß und werden als strafwürdige Verirrungen von der herrschenden Lehre und Satzung strenger Ahndung unterworfen. Dann bergen sie sich scheu im Gemüthsleben der Einzelnen und führen in verschwiegener Stille ein heimliches Dasein, bis — oft nach Jahrhunderten — rückläufige Strömungen der Zeit, pfäffische Beschränktheit oder Berechnung, Gaukeleien einer unlauteren Wissenschaft den scheinbar erstorbenen Funken wieder zu heller Flamme zu entfachen vermögen.

Daß alte und neue Zeiten die Vermittlung mit der Welt des Uebersinnlichen hauptsächlich dem Weibe übertragen haben, darf nicht auffallen. Das Einbildungsvermögen der Frau, wärmer und empfänglicher als das des Mannes,

l

verräth eine stärkere Hinneigung zum Mystischen und wird oft durch krankhafte Anlagen gesteigert. Auch kommt hinzu, daß, während Krieg, Jagd, Handwerk und Ackerbau dem Manne wenig Ruhe gönnten, die Frau in der häuslichen Zurückgezogenheit nicht nur Gelegenheit, sondern in der ehedem ihr überwiesenen Pflege der Heilkunde selbst eine gewisse Befähigung zu heimlicher Zauberei erlangen konnte.*) Wir dürfen mithin den beliebten Erklärungsversuch mittel- alterlicher Theologen und Juristen, daß alles Zauberwesen sündhafter Frevel, der Hang zum Freveln aber gerade dem schwächeren Geschlechte eigen sei, als eine böswillige Unter- stellung mit gerechtem Unwillen zurückweisen.

Als nach dem Zusammenbruch des Römerreichs das Christenthum auf germanischem Boden sich Eingang bahnte, traf es neben dem Göttercultus mannichfachen Unfug zau- berischer Art. Elben und Huldinnen weisen den Lebenspfad des Menschenkindes und statten wohl auch sterbliche Weiber mit unheimlichen Kräften aus. Weise Frauen verkünden durch das Loos das kommende Geschick, sagenhafte Nacht- gestalten versammeln sich an heiliger Stätte, ziehen unter gewandelter Hülle durch die Luft, festigen den Mann gegen Schwerteshieb, erregen Hagel und Unwetter. Einzelne Züge tragen eine gewisse Aehnlichkeit mit den Ueberlieferungen älterer Culturvölker, aber die widrigen Zerrbilder einer un- sauberen Phantasie, mit denen namentlich Griechen und Lateiner ihre Empusen, Strigen und Lamien auszumalen liebten, lagen doch der deutschen Volksseele fern. Erst eine weit entlegenere Zeit hat, indem sie den neu eingeschleppten

---

*) So namentlich: Grimm, Mythologie (3. Aufl.) II, S. 991.

Lehrsätzen der Inquisition wissenschaftliche Färbung zu geben suchte, auf jene Schemen zurückgegriffen, für die Annahme eines inneren Zusammenhanges in dem gleichlautenden Sprachgebrauch der älteren Volksrechte und Capitularien, den dort vorkommenden Bezeichnungen **strix, striga, saga** einen geeigneten Stützpunkt zu finden vermeint und die italischen Spukgestalten zu direkten Rechtsvorgängerinnen unserer Hexen gestempelt.

Begreiflicherweise mußte das vorschreitende Christenthum mit Allem, was noch an die heidnische Vorzeit gemahnen konnte, gründlich aufräumen. Allein wenngleich die äußeren Uebungen sich mehr und mehr in versteckte Schlupfwinkel zurückzogen, um schließlich ganz zu verschwinden, so war doch die Erinnerung aus den Gemüthern nicht zu bannen. Das sicherste Mittel, die alten Ueberlieferungen zu verdrängen, schien zunächst, sie in Verruf zu bringen. So gewannen nach und nach die Vorstellungen hinsichtlich des Zauberthums einen wesentlich anderen Inhalt. Die Bekehrer mischten dem Bilde fremde Züge bei, welche der Hekate, der Diana, der Herodias entlehnt waren; sie wandelten die Gefolgschaft der wilden Frau Hulda zu einer wüsten Schaar gespenstischer Unholde, sie überwiesen, als die kirchliche Lehre eines persönlichen Teufels bestimmtere Umrisse gewann, das zauberkundige Weib der Botmäßigkeit des Versuchers und gaben damit unversehens dem ganzen Verhältniß einen bösartigen Anstrich. Sie beschränkten endlich den Sinn des Wortes „zaubern" auf diejenige Ausübung unnatürlicher Kräfte, welche den Gegensatz zu dem christlichen „Wunder" bildet, daher begrifflich eine zerstörende Absicht und Richtung hat und nicht mit „rechten" Dingen zugeht. Ja die Kirche

ging in dem erſten Jahrtauſend der nachchriſtlichen Zeit
ſchließlich ſo weit, die Realität der Zauberei grundſätzlich
zu verneinen. Die Synoden zu Paderborn (785) und Paris
(829) nennen es nichtige Hirngeſpinnſte, daß Leute ſollten
den Menſchen das Herz aus dem Leibe zaubern, Wetter
machen, Kühen die Milch nehmen können. Der Kanon
Episcopi ſchildert allerlei Wahnvorſtellungen ſündhafter Weiber, die da meinten, im Gefolge alter Heidengöttinnen Nachts
auf Thieren durch die Luft zu reiten. Solche Erſcheinungen
ſind ihm traumhafte Vorſpiegelungen, durch welche der böſe
Feind die ſchwachen Seelen ängſtigt und dem Chriſtenglau-
ben abwendig zu machen ſucht. Daher ſollen die Biſchöfe
es ſich angelegen ſein laſſen, ihren Gemeinden die Unver-
träglichkeit jener Einbildungen mit der wahren Lehre eindringlich zu Gemüthe zu führen. „Denn wer,“ ſo heißt es
in der denkwürdigen Satzung, „wer würde im Schlaf und
Traum nicht über ſich erhoben und ſieht dann Vieles, was
er wachend nie geſehen hatte? Aber wer möchte auch wohl
ein ſolcher Thor und Schwachkopf ſein, daß er all' dieſen
geiſtigen Vorgängen Wirklichkeit beilegen wollte? Daher
ſoll Jedermann öffentlich verkündet werden, daß, wer Jenes
und Aehnliches für wahr hält, den Glauben verloren hat,
und wer den Glauben an den Herrn nicht hat, der gehört
nicht ihm an, ſondern demjenigen, an welchen er glaubt —
das iſt: dem Teufel.“ In dieſem Kanon von zweifelhaftem
Urſprung, welcher nachmals in das Sammelwerk des Biſchofs
Burkhard von Worms überging, dann von Gratian in ſein
Decretum aufgenommen und auf dieſe Weiſe zu einem Be-
ſtandtheile des corpus juris Canonici, jener Hauptquelle
des gemeinen Kirchenrechts, geworden iſt, hat die Auffaſſung

der Kirche v o r der Errichtung der Inquisition den präg-
nantesten Ausdruck gefunden.

Das weltliche Gesetz vermochte sich zu einer so freien
Anschauung noch nicht emporzuschwingen. Die Volksrechte
weisen unter der Zahl der schweren Verbrechen auch die
einzelnen Formen der Zauberei auf (Wettermachen, zau-
berisches Auszehren eines Menschen, Verzauberung der Waffen
vor dem gerichtlichen Zweikampf), doch mag sein, daß, wo
wegen Zauberei Strafen verhängt und vollzogen wurden,
wirkliche Uebelthaten zu Grunde lagen. Eine Annäherung
an den Standpunkt der Kirche verräth zuerst das Gesetzbuch
des Longobardenkönigs Rothar (644), indem es die Meinung,
es könne durch Zauberkunst das Hinsiechen eines Menschen
herbeigeführt werden, für unchristlich, die Sache selbst für
unmöglich erklärt. Noch weiter geht ein Capitulare Karls
des Großen aus dem Jahre 785, welches Todesstrafe darauf
setzt, wenn Jemand in teuflischer Verblendung nach Sitte
der Heiden an die Wirklichkeit des Zauberwesens geglaubt
und die Schuldige dem Feuertode preisgegeben habe. Auf-
fällig erscheint immerhin, daß innerhalb Deutschlands, abge-
sehen von einem einzigen Falle, den Lambert von Aschaffen-
burg aus Köln vom Jahre 1074 mittheilt, bis zum Ausgang der Kreuzzüge sich nirgends eine zuverlässige Nachricht
von einem gerichtlichen Verfahren gegen angebliche Zauberinnen findet. Und wie die Kirche sich ihrerseits, wenn
sie einmal gegen abergläubischen Unfug einschritt, mit Handhabung der Kirchenzucht begnügte, so mahnte sie die weltlichen Machthaber an Schonung und Nachsicht. „Glaubet
nicht," ruft, als in Dänemark einmal Frauen wegen Er-
regung von Seuchen und Unwetter in Verfolgung gerathen

waren, der Papst Gregor **VII.** dem Könige Harald zu,
„glaubt nicht, daß es Euch zustehe, den nach unmenschlicher
Heidensitte verurtheilten Weibern Leides zu thun, sondern
lernt vielmehr, durch angemessene Buße den Richterspruch
einer göttlichen Vergeltung abzuwenden, als daß ihr durch
gräuliches Wüthen gegen jene Unschuldigen den Zorn Gottes
noch mehr über Euch heraufbeschwört!"*)

Da vollzog sich seit der Neige des zwölften Jahrhunderts die verhängnißvolle Wandelung, welche in einen vollständigen Bruch mit der bisherigen Doctrin ihren Abschluß
fand. Unter den tendenziösen Verdächtigungen, welche die
Kirche seit geraumer Zeit gegen die widerstrebenden Sekten
der Gnostiker, Manichäer, Katharer in Schwang gesetzt hatte,
war gewissen verbrecherischen Beziehungen zu dem Teufel
eine Hauptrolle zugefallen und die erfindungsreiche Phantasie
der Scholastiker verstand es, den fruchtbaren Gedanken zu
einem vollendeten System des raffinirtesten Teufelscultus
auszubilden. In den heimlichen Zusammenkünften jener
verwerflichen Genossenschaften, so lehrte man, erscheine der
Böse in Gestalt einer widrigen Kröte, eines gespenstischen
Katers, eines bleichen Mannes, nehme unter obscönen Hul-
digungen die Abschwörung des Christenglaubens seitens der
Versammlung entgegen, treibe sie an zur Verhöhnung des
Kreuzes und zur Schändung der Sakramente und beschließe
nach gemeinsamem Mahl das nächtliche Fest mit Orgien der

---

*) Praeterea in mulieres, ob eandem causam simili immani-
tate barbari ritus damnatas quicquam impietatis facere vobis fas
esse nolite putare. Sed potius discite divinae ultionis sententiam
digne poenitendo avertere, quam in illas insontes frustra ferociter
saeviendo iram Domini multo magis provocare. Brief vom 19. April
1080, bei Jaffé Monumenta Gregoriana S. 415.

schandbarsten Wollust. Jüdisch-rabbinische Ueberlieferungen, orientalische Vorstellungen, welche durch die Kreuzzüge zugleich mit Magie und Nekromantie Aufnahme fanden, sowie der Dämonenglaube Roms hatten sich vereinigen müssen, um das freudige Bewußtsein der alten Kirche, daß der Christenglaube den Sieg über alles Teufelswerk verleihe, zu verdrängen, die Gemüther mit banger Furcht vor der Uebermacht des Satan zu erfüllen, dem Volke Gestalt und Wirkungskreis des Leibhaftigen zu greifbarer Anschaulichkeit zu bringen. Gelehrte und Mönche, wie Gervasius, Cäsarius von Heisterbach, Thomas von Aquino wiesen die Möglichkeit eines strafbaren Verkehrs mit dem Satan aus der Schrift und der Geschichte nach und verbreiteten die Lehre von den Werwölfen, von Incuben und Succuben. Als nun unter Innocenz III. der Vernichtungskampf gegen das Ketzerwesen begann und in den Inquisitionsgerichten ein unfehlbares Mittel geschaffen wurde, den Irrglauben, gleichviel in welcher Gestalt, aufzuspüren und zur Verantwortung zu ziehen: als das Ansehen eines Thomas von Aquino († 1274) den Satz begründete, daß die Existenz zauberkundiger Individuen, welche Sturm und Wetter verursachen, Feuer vom Himmel herabbeschwören und auf die Neigungen der Menschen bestimmend einwirken, durchaus nicht zu bezweifeln und daß diese Fähigkeit aus einem Verbündniß mit dem Teufel herzuleiten sei: als sonach die Zauberei in einem innigen Zusammenhang mit Ketzerei gebracht wurde und all' die bisher vereinzelt stehenden Formen der ersteren in dem Teufelsbunde, der Teufelsbuhlschaft einen gemeinsamen Ursprung und Brennpunkt erhielten: da war in einer Zeit der grenzenlosesten Verflachung, in einer Zeit, wo unter dem Drucke

der Hierarchie das bürgerliche Gesetz jede Abweichung von
der herrschenden Meinung mit den schwersten weltlichen
Strafen belegte, der praktischen Anwendbarkeit der neuen
Lehre ein unabsehbares Feld eröffnet. Denn keine Weise
traf die Ketzerei sicherer, als die Anschuldigung, mit dem
Teufel im Bunde zu sein. „Der Hexenproceß," schreibt
Soldan in seinem bekannten Buche über das Hexenwesen,[*])
„rechtfertigte die Grausamkeit seines Verfahrens durch die
Größe der zu unterdrückenden Gräuel und vertauschte die
gehässige Rolle eines Verfolgers freierer Religionsansichten
mit der dankenswerthen eines Wohlthäters, der die mensch-
liche Gesellschaft von einer Rotte gemeingefährlicher Bösewichter
befreit." (Bd. I S. 221.)

Spuren des Umschwungs finden sich schon im Sachsenspiegel und verwandten Rechtsquellen: „Swelk kersten man
oder wif ungelovich is unde mit tövere ummegat oder mit
vergiftnisse unde des verwunnen wirt, den sal man upper
hort bernen." Ssp. II, 13, 7. Während jedoch in den
romanischen Landen die Verfolgung solcher Missethäter schnell
in Aufnahme kam, in Frankreich zumal der Hexenproceß
schon im vierzehnten Jahrhundert zeitweise zu voller Blüthe
gelangte, stellten sich ihm in Deutschland zunächst noch er-
hebliche Hemmnisse entgegen. Einestheils nämlich war hier
durch die Ermordung des delegirten Generalinquisitors Kon-
rad von Marburg dem geschwinden Vordringen der Inquisition ein Riegel vorgeschoben (1233), anderentheils er-
schwerte in der Praxis das processualische Beweissystem den
Erfolg, indem es (außer im Fall handhafter That, einem

---

*) Soldan, Geschichte der Hexenprocesse (1843), neu bearbeitet
von Dr. Heinrich Heppe, 2 Bde. Stuttgart 1880.

Falle, der ja aber bei dem Teufelsbündniß nicht leicht in
Betracht kam) wohlbeleumdeten Angeklagten gestattete, durch
Eid und Eideshelfer von der Schuldigung sich zu reinigen.
Daher treten bis zum Ausgang des fünfzehnten Jahrhunderts Bestrafungen wegen Zauberei immer noch sehr vereinzelt auf. Dann aber trug die consequente Beharrlichkeit
der Kirche auch hier den Sieg davon. Als im letzten Viertel
des Jahrhunderts die für Oberdeutschland und die Rhein-
lande bestellten Inquisitoren Heinrich Institor (Krämer) und
Jakob Sprenger bei dem Versuch, dem Volke das Hexenwesen mundgerecht zu machen, auf hartnäckigen Widerstand
gerathen waren, ertheilte Papst Innocenz VIII. der Lehre
von der Wirklichkeit und Ketzerei des Zauberthums in der
Bulle **Summis desiderantes** eine sehr nachdrückliche Bestätigung (1484), wies den straßburger Bischof zur eifrigsten
Unterstützung der beiden Inquisitoren an und versah Letztere
mit neuen, umfassenden Vollmachten. Die Inquisitoren aber
faßten den Plan, ein ausführliches System des Hexenglaubens auszuarbeiten, welches durch den Hinweis auf die päpst-
liche Gutheißung den Widerspruch zum Schweigen bringen
und unter dem Schirm der Kirche dem Hexenprocesse neuen
Vorschub leisten sollte. So entstand im Jahr 1487 (gedruckt
zuerst in Köln 1489) der **malleus maleficarum** oder Hexenhammer, ein Werk, strotzend von scheinbarer Gelehrsamkeit,
spitzfindig und abgeschmackt in der Begründung, roh in
Sprache und Gesinnung. Von seinen drei Haupttheilen
weist der erstere aus der Bibel und den geschriebenen Rechten
das Bestehen von Hexen nach und gipfelt im grellen Wider-
spiel zum Kanon Episcopi in dem Satze: **haeresis est
maxima, opera maleficarum non credere.** Der zweite

)er Hierarchie das bürgerliche Geſetz i·
)er herrſchenden Meinung mit den
Strafen belegte, der praktiſchen 2lnw
Lehre ein unabſehbares Feld eröffnc·
:raf die Ketzerei ſicherer, als die 2l
Teufel im Bunde zu ſein. „Der
Soldan in ſeinem bekannten Buche
‚rechtfertigte die Grauſamkeit ſeine
Gröẞe der zu unterdrückenden Gr·
zehäſſige Rolle eines Verfolgers f
mit der dankenswerthen eines Wo
liche Geſellſchaft von einer Rotte gem·
befreit." (Bd. I S. 221.)

Spuren des Umſchwungs fin∙
ſpiegel und verwandten Rechts ···
oder wif ungelovich is unde mit ∙
vergiftniſſe unde des vermuin·
hort bernen." Sſp. II, 13, ·
romaniſchen Landen die Verf·
in Aufnahme kam, in Fr·
ſchon im vierzehnten Jah·
gelangte, ſtellten ſich il·
hebliche Hemmniſſe entgeg·
durch die Ermordung des ···
rad von Marburg dem ·
quiſition ein Riegel ver·
ſchwerte in der Praxis ·
Erfolg, indem es außer

*) Soldan, G·
von Dr. Heinrich Heppe·

...erſche". Die Rechtsſprache faßt alle Er=
...renweſens zuſammen unter dem Begriff
...n niederſächſiſcher Pfarrherr, M. Samuel
...rtorf in Holſtein, giebt von dieſem Laſter
...a lamiarum (Hamburg 1587) nachſtehende
...y: „Töverye is ein Affal von Gode tom
...lettinge der allerhögeſten Majeſtaten Godes,
...rgöderye unde ein ſtinkender Sump aller Bös=
...Godt geleiſtert, ſin werde Name enthilliget
...t, de Gelove vorlaren, de Bandt der Leve
...eine Frede geſchöret unde thobraken, unde an
...evende unde Göderen Minſchen unde Beeſten
...de thogevöget werde."

...usgangspunkt jeder Zauberei bildet hiernach der
...dem Böſen, die Abſchwörung des Chriſtenthums.
...sjagung von der Kirche keine Heyerei. Daher ſind
...und Andere, welche nie in der Chriſtengemeinſchaft
...en haben, wohl einzelner Miſſethaten, wie ſie im
...a der Hexen mitunterlaufen (der Vergiftung, des aber=
...ichen Segnens) fähig, aber nicht der Zauberei im Sinne
...yenhammers. Auch die Juriſten ſtellen mitunter den
...chtspunkt eines Majeſtätsverbrechen, begangen an der
...eit Gottes, in den Vordergrund, heben jedoch damit
...r eine Seite der Strafbarkeit hervor. Sie erörterten wohl
...lbſt die civilrechtliche Natur des mit dem Teufel abge=
...chloſſenen Vertrages und ſuchten ihm in der Contractslehre
...des römiſchen Rechts eine paſſende Stelle auszumitteln. Da=
bei gelangt der ſpaniſche Jeſuit Torreblanca in ſeiner Dä=
monologie (1615) zu dem Ergebniß, es ſei ein Innominat=
contract der Kategorie **do ut facias**; die aus demſelben ent=

Theil erörtert das Treiben der Missethäterinnen im Einzelnen und giebt die kirchlichen Heilmittel gegen allerhand
Zauberschäden an. Der letzte Theil handelt über die Zu-
ständigkeit zur Hexenverfolgung und das Verfahren, über-
weist den Hexenproceß in kluger Berechnung den weltlichen
Gerichten, befürwortet das inquisitorische Verfahren und be-
günstigt die Denunciationen.*)

Der Hexenhammer hat die Mittel und Wege dargelegt,
wie man die Hexen zu suchen habe: sie zu finden, lehrte
bald ein anderes Werkzeug, die Folter. Ausgerüstet mit
diesen Handhaben, hat das Jahrhundert der Reformation
bei anhaltendem Aberglauben und gesteigerter religiöser Richtung dem Hexenwahn nicht allein in allen deutschen Gebieten Eingang verschafft, sondern auch in Bezug auf den
Thatbestand des Verbrechens, die Strafe, das Verfahren
diejenigen Grundsätze festgestellt, welche über viele Menschenalter hinaus die Praxis der deutschen Gerichte beherrschten
und in ihren Hauptzügen selbst eine universelle Geltung in
allen Landen der civilisirten Welt erlangt haben.

II.

Die Bezeichnung „Hexe" scheint, obwohl das Wort alten
Ursprungs (hagathusa, hagazussa?), nicht vor dem siebenzehnten Jahrhundert recht in Aufnahme gekommen zu sein,
sie ist keineswegs technisch und wechselt in Süddeutschland
vielfach mit der Benennung „Trude", in Norddeutschland
mit den Ausdrücken „Töversche", „Wickersche" (engl. **witch,**

---

*) Heppe-Soldan Bd. I, S. 276 fg., wo sich Näheres über
den Inhalt mitgetheilt findet.

auch wick), „Galstersche". Die Rechtssprache faßt alle Erscheinungen des Herenwesens zusammen unter dem Begriff
der Zauberei. Ein niedersächsischer Pfarrherr, M. Samuel
Meigerius zu Nortorf in Holstein, giebt von diesem Laster
in seiner **panurgia lamiarum** (Hamburg 1587) nachstehende
Veranschaulichung: „Töverye is ein Affal von Gode tom
Düwel, eine Vorlettinge der allerhögesten Majestaten Godes,
ein Born der Afgöderye und ein stinkender Sump aller Bös-
heit, wormede Godt gelestert, sin werde Name enthilliget
unde misbruket, de Gelove vorlaren, de Bandt der Leve
thoreten, gemeine Frede geschöret unde thobraken, unde an
Live und Levende unde Göderen Minschen unde Beesten
merklik Schade thogevöget werde."

Den Ausgangspunkt jeder Zauberei bildet hiernach der
Bund mit dem Bösen, die Abschwörung des Christenthums.
Ohne Lossagung von der Kirche keine Hexerei. Daher sind
Juden und Andere, welche nie in der Christengemeinschaft
gestanden haben, wohl einzelner Missethaten, wie sie im
Treiben der Hexen mitunterlaufen (der Vergiftung, des abergläubischen Segnens) fähig, aber nicht der Zauberei im Sinne
des Hexenhammers. Auch die Juristen stellen mitunter den
Gesichtspunkt eines Majestätsverbrechen, begangen an der
Hoheit Gottes, in den Vordergrund, heben jedoch damit
nur ei ne Seite der Strafbarkeit hervor. Sie erörterten wohl
selbst die civilrechtliche Natur des mit dem Teufel abge-
schlossenen Vertrages und suchten ihm in der Contractslehre
des römischen Rechts eine passende Stelle auszumitteln. Dabei gelangt der spanische Jesuit Torreblanca in seiner Dämonologie (1613) zu dem Ergebniß, es sei ein Innominat-
contract der Kategorie **do ut facias**; die aus demselben ent-

springende Klage (actio praescriptis verbis) gehe aber nur gegen den Menschen, da gegen den Teufel bei dessen mangelnder Körperlichkeit nicht einmal eine natürliche Verbindlichkeit begründet werden könne. Auch habe der Mensch, welcher mit solch einem Vertrage hineingefallen, sich darüber füglich nicht zu beklagen, nach bekanntem Rechtssatze der l. 19 D. de regg. juris: qui contrahit, est vel debet esse non ignarus conditionis ejus, cum quo contrahit.

Eingeleitet wird der Teufelspakt meist durch die Teufelsbuhlschaft. Aktenmäßig erscheint der Versucher zumehrst als Junker, mit der Hahnenfeder am Hut, in dunkler Kleidung, von bleicher Gesichtsfarbe. Erst hinterdrein zeigt er den Gänse- oder Pferdefuß. Dann gehen den Bethörten die Augen auf, aber sie können nicht mehr zurück. Die hohen Versprechen, mittelst deren der Unhold sie zu seinem Willen gezwungen hat, erweisen sich als trügerisch, das geschenkte Geld zerrinnt unter ihren Händen oder verwandelt sich in Scherben und Unrath. Selten, daß es seine Körperlichkeit behält, weit seltener noch, daß vorhandener Wohlstand auf den Teufelsbund zurückgeleitet wird. Die Knauserei des Bösen ist sprichwörtlich geworden; alle sieben Jahr werden die Hexen eines Dritthellers reicher, heißt es im Simplicissimus (I, 625). Zum Zeichen des Vertragsschlusses drückt der Teufel, welcher sich bald unter einem ehrlichen Christennamen, bald unter einem Necknamen (Volant, Flädderbusch, Strohbutz u. a.) einführt, der Neugeworbenen sein Siegel auf, das stigma, ein Mal, welches die betreffende Körperstelle unempfindlich macht, bei Männern „auf der rechten Achsel, zwischen den Augenbrauen, an den Lippen, am Gesäß (damit es nicht offenbar werde), bei Weibern auf der Hüfte,

unter den Armen oder an heimlichen Orten gefunden wird."
"Das gemeine Volk (führt der Helmstädter Professor Neuwalt,*) dessen ungewöhnlicher Lokalkenntniß diese Notizen
entlehnt werden, fort) steckt in der Meinung, daß diese Mal-
zeichen in den Augen seien, will auch, man könne es ihren
Augen ansehen, dieweil etliche alte Weiber Niemand gern
ansehen, blinzeln mit halboffenen Augen, daß sie nicht erkannt werden bei dem Zeichen, welches sie in dem Auge
empfinden. Aber daß solches falsch, wird erwiesen daraus,
daß die jungen Weibsen freimüthig Jedermann unter die
Augen sehen und kommen dürfen."

Aus dem Umgang mit dem Teufel entspringen nach
einem namentlich im nördlichen Deutschland weit verbreiteten Aberglauben wurmartige Geschöpfe, Raupen, Spinnen,
Mücken, Eidechsen, welche die eigenthümliche Benennung
"gute Holden", "gute (auch wohl böse) Dingerchen" tragen.
Ganz eigenartig beschreibt sie eine Quedlinburger Alte aus
dem Jahr 1575: "kleine Dinger, eine Spanne hoch, haben
rothes Zeug an wie Hareß, Angesicht wie eine halbe große
Nuß und kleine, kleine Hände als ein Meddell, und blaue
Lichtlein darinnen."**) Die guten Holden werden von den
Hexen verhaßten Nebenmenschen in den Leib gezaubert und
rufen Lähmniß und böse Krankheiten hervor. Ueberhaupt
nimmt durch die Hingebung an den bösen Feind der Neu-
ling die Pflicht auf sich, männiglich nach Kräften zu schaden.
Zu dem Ende werden die Hexen von ihrem Herrn und
Meister mit mancherlei Gaben ausgerüstet. Sie tödten Men-

---

*) "Bericht von Erforschung der Zauberinnen durchs kalte
Wasser, Frankfurt 1586."
**) Zeitschrift des Harzvereins für Geschichte ꝛc. V, S. 91.

 schen und Vieh durch den bösen Blick, durch Handauflegen, Bestreichen mit Salbe, Eingeben schädlichen Trunkes, oder sie führen das Verderben dadurch herbei, daß sie Gift unter der Thürschwelle ausschütten, worauf derjenige, welcher über den „Guß" schreitet, verkrummen und verlahmen muß. Sie werfen Gesunde urplötzlich auf das Siechbett, indem sie ihnen allerhand lästige Sachen wie Holzstücke, Nägel, Haarknäuel in den Magen hineinzubringen wissen. Sie säen Zwietracht unter Ehegatten, benehmen dem Manne die Kraft durch das „Nestelknüpfen", darin bestehend, daß unter Anrufen des Teufels eine Schnur verknotet, ein Schlößchen zugeknipst und ins Wasser geworfen wird. Im braunschweigischen Stifts· amt Gandersheim hat das Nestelknüpfen noch im Jahr 1720 Anlaß zu einem Criminalverfahren gegeben, dessen Ausgang bei Unvollständigkeit der Akten leider nicht zu ersehen ist. *)

Zu den hohen Festen, in der Walpurgisnacht oder (besonders in Süddeutschland) der Johannisnacht, nebenbei jedoch auch an regelmäßigen Wochentagen, finden die Zu· sammenkünfte der unheimlichen Schaar mit ihrem Gebieter statt. Soldan bringt in Uebereinstimmung mit seiner Theorie, daß das ganze Hexenthum wesentlich fremdländischen Ursprungs sei, die Wahl der Walpurgisnacht mit römischem Aberglauben und dem Unfug der Floralien und Lemurien in Zusammen· hang. Anmuthender, weil natürlicher, erscheint indessen die Erklärung Jakob Grimm's, welcher auf die Opferfeste des

---

*) Eines Wollenbinders Borchers Frau hatte, als ihre Tochter einen ihr nicht genehmen Schwiegersohn freite, während der Trauung unter dem Wort „im Namen Gottes, des Vaters, Sohnes und des heiligen Geistes" ein Schlößchen zugeknipfet und also „den Eheleuten eine Nestel geschlagen."

germanischen Heidenthums, die alten Maiversammlungen
des Volks, die Zeit der ungebotenen Gerichte zurückweist.

In katholischen Ländern wird an den Hauptfeiertagen
beim Hexensabbath das Hochamt parodirt, der kirchliche Ritus
nachgeahmt und weidlich gejubelt. Aber auch bei den Protestanten geht es nicht minder hoch her. Denn, um nochmals mit Ehrwürden Meigerius zu reden „Dewylen de Düwel
des Herren Christi Ape, kann he de synen ok wol verrücken
und ene einen guden Sankt-Martens-Abend geven unde
Sankte Claus wedder laten uthungern, dat ene de Bueck
krimpe, un de Ogen inflan, dat se over ere Föte fallen vor
groten Hunger; he gifft ene im Jare eine edder dre vulle
satte Nacht und locket se, de Armen, dorinne mit sodanem
Wolleende und Leckerbeten, unde maket sik ene korte Tid
mit ene frölick, de he gedenket in't ewige Ach und Wehe
tho stortende."

Zu ihren Festen befördern sich die Hexen je nach Bedarf und Liebhaberei, auf einer Ofengabel, dem Ziegen-
bock, dreibeinigen Mißgestalten, Vornehmere wohl in Kutschen,
Anwohner der See *) in Böten. Sie befähigen sich durch
eine Salbe zu der luftigen Fahrt und schwingen sich empor
unter Zaubersprüchen, wie: oben aus und nirgend an! Nicht
immer tagt die Versammlung auf Bergeshöhen, vielfach auch
in der Ebene, am Kreuzweg unweit des Heimathdorfs, auf
der Wiese, am Bühel. Der Hexenberge sind unzählige, die
bekanntesten der Kandel, der Heuberg, der Inselsberg und
Hörselberg, der Köterberg an der Weser und vor Allem

*) St. Jürgen an der Niederelbe 1551. Zeitschrift des nieder-
sächs. Geschichtsvereins 1867, S. 241.

der Brocken. Ein „Brockelsberg" ist als Versammlungsort von Zauberinnen schon in einem Nachtsegen aus dem Ende des dreizehnten Jahrhunderts oder Anfang des vierzehnten Jahrhunderts genannt, allein neuerdings hat Dr. Jacobs in Wernigerode die Identität des in zahllosen Herenakten vorkommenden Blocksberges mit unserem Brocken angezweifelt, indem er in durchaus beachtenswerther Darlegung nachweist, daß unter der Bezeichnung Blocksberg zahlreiche Unholdenberge vorhanden sind, daß diese Zusammensetzung sprachlich in mehrfacher Beziehung auf altheidnischen Göttercult zurückweist und daß der Name Blocksberg gerade für den Brocken durchaus keine einheimische übliche Benennung, ja vielleicht mit demselben vor der Mitte des sechszehnten Jahrhunderts überhaupt noch nicht in Verbindung gebracht ist. *)

Nach den Herenmahl beginnt der Ringeltanz. Trommler und Sackpfeifer spielen zu ihm auf. Die Tanzenden kehren das Gesicht nach Außen, Meister Urian thront auf einem Ehrenplatz und mischt sich nur selten in das bunte Getümmel. Er hält auf Ordnung und Würde **), legt zur Handhabung der Zucht Geldstrafen auf und zeigt sich anderseits bei guter Laune für einen kleinen Scherz empfänglich. Er ist von einem ziemlich vollständigen Hofstaat umgeben, unter welchem in hessischen und münsterländischen Akten die Militair- und Justizämter bis zum Fähnrich und dem Gerichtsschreiber vertreten sind. ***)

---

*) Zeitschrift des Harzvereins III, S. 838.
**) wird Excellenz titulirt in einen lippstadter Akte, 1675. Zeitsch. des Harzvereins V, S. 249.
***) Näheres bei Heppe-Soldan, I, S. 296—302.

Einem Verbrechen, das Apostasie, Ketzerei, Blasphemie,
Sacrilegium und Sodomie in sich vereinigte, mußte die Schwere
der Strafe entsprechen. Der Herenhammer setzt auf Zauberei
unterschiedslos den Feuertod. Die Karolina dagegen will
denselben nur dann eintreten lassen, wenn die Zauberei
Schaden oder Nachtheil verursacht hat, anderenfalls soll nach
Gelegenheit der Sache mit außerordentlicher Strafe, nach
Rath der Rechtsverständigen, eingeschritten werden (Art.
109). Allein die Praxis legte das Gesetz dahin aus, daß
die zweite Alternative nur diejenigen Fälle umschließe, in
denen weder Schaden gestiftet, noch überhaupt ein Pakt mit
dem Bösen eingegangen sei. Das Teufelsbündniß unterstellt
sie schlechthin der schärferen Strafdrohung, nach 2. Mos.
Cap. 22, V. 18: die Zauberinnen sollst du nicht leben lassen.
So willkürlich diese Auslegung war, so hat sie doch nicht
nur in manchen Landesordnungen, wie namentlich den ein-
flußreichen sächsischen Constitutionen vom Jahr 1572, Eingang
erhalten, sondern auch die Rechtsprechung der protestantischen
Territorien im siebenzehnten Jahrhundert ausnahmslos beherrscht und noch im folgenden Vertreter gefunden. Lagen
nach Ansicht des Richters gewichtige Verdachtsgründe vor,
ohne daß sich doch eine Ueberführung der Angeklagten
mittelst der Folter erreichen lassen wollte, so strafte man mit
Landesverweisung. Völlige Freisprechungen kommen selten
vor und werden vom Herenhammer gemißbilligt: reichen die
Indizien überhaupt zu keiner Verurtheilung aus, so wird
die Inquisitin bis auf neue Anzeichen der Schuld von der
Instanz entbunden. Sie muß dann Urphede schwören und
wird in ihre Heimath entlassen, aber aus der überstandenen
Haft bleibt doch immer ein Makel an ihr hangen, welcher

die Angehörigen von ihr fernhält und sie dem öffentlichen Verruf der Gemeinde preisgiebt.

In der Folge gesellten sich zu den Strafen noch Vermögensbußen in weitgehendem Umfange. Man bezeichnete dieselben bald als Confiscationen, obwohl die Zulässigkeit einer derartigen Nebenstrafe aus dem Gesetze kaum hergenommen werden konnte, oder man rubrizirte sie weniger verfänglich unter den Begriff der Proceßkosten. Es erhellt, wie in beiden Fällen die Verfolgung der Hexen zu einem sehr einträglichen und darum sehr beliebten Geschäft werden mußte, zu einem Gewerbe, das nach Verdrängung des Anklageprozesses durch das inquisitorische Verfahren im Fall des Mißlingens für den Angeber keine Talion, überhaupt weder Nachtheil noch Kosten nach sich zog und überdies durch die Art und Weise der gerichtlichen Procedur den sichersten Erfolg zu verbürgen schien.

In der That überlieferte die Methode des Verfahrens die Angeschuldigten dem gewissen Untergang.*) Die Umgestaltung des Beweissystems hatte zur Folge gehabt, daß als zuverlässigster und wichtigster Beweisgrund das Geständniß hingestellt wurde. Die Erreichung desselben bildet das Ziel der gesammten Untersuchungshandlungen, zum Mittel dient bei Kapitalverbrechen die „peinliche Frage", (die Folter), dafern nur „genugsame Anzeigungen der That" vorhanden waren. Nach der Karolina (Art. 44) giebt es bei der Zauberei eine redliche Anzeigung und genugsame Ursache

---

*) Vergleiche darüber namentlich die Abhandlung Wächters in seinen Beiträgen zur deutschen Geschichte, insbesondere zur Geschichte des deutschen Strafrechts (Tübingen 1845), und den dortigen Exkurs Nr. 24.

zur peinlichen Frage, so Jemand sich erbeut, einem Andern
das Zaubern zu lehren oder ihn zu bezaubern droht und
ihm Schaden zufügt, ferner so er mit Zauberern Gemeinschaft
hat oder mit verdächtigen Sachen umgeht und auch sonst
der Zauberei berüchtigt ist. Die Unbestimmtheit des
letzteren, an sich doch nur unterstützend wirkenden Indizes
bot eine bequeme Handhabe zu neuen Mißbräuchen. In
der Erwägung, daß die Zauberei im Dunkeln schleiche und
deshalb nicht nur zu den gefährlichsten, sondern auch zu den
am schwersten zu beweisenden Strafthaten gehöre, erhoben
die Juristen sie zu einem **delictum exceptum,** einem jener
Ausnahmeverbrechen, bei denen nicht die Regeln des
gemeinen Proceßrechts entscheiden, sondern die Verruchtheit
der That freies Durchgreifen des richterlichen Ermessens
gebietet. **In his criminibus ordo est, ordinem non servare.**
Hat der Richter während der Untersuchung einen beständigen
Kampf mit dem Teufel zu führen, indem Letzterer mit Lug
und Trug der Angeklagten beispringt, sie gegen Schmerz
verhärtet und das Gedächtniß der Zeugen verwirrt, so bedarf
er zur Erzwingung des Sieges ganz außerordentlicher Macht·
fülle. Daher die Versagung oder Verkümmerung der Ver·
theidigung.*) Daher die Gestattung der unwürdigsten Kniffe,

---

*) Hierüber die treffende Darstellung Specs (cautio crimin. XVII.
Nr. 5, Uebersetzung von Seyffert, Bremen 1647) „Einer sagt, ich sei
ein Dieb, das ist eine große injuria. Nun, dieser gute Herr wird
mir alsbald die Defension verstatten. Einer sagt: ich sei ein Ehe=
brecher, das ist weit ärger — noch gönnen sie mir einen Advokaten.
So mich einer dann der Hexerei beschuldigt, das ist ja das Aergste
von Allen und dann so muß ichs lassen Recht sein und mich nicht
verantworten darum, daß es der größten Laster eines ist. Wie, so
der Kläger leugt? So muß ich doch schweigen: es ist ein exceptum!
Pfui der unvernünftigen Grobheit!"

2*

um ein Geständniß durch Versprechungen abzulocken, die in
Folge arglistiger Mentalreservationen von vorn herein keinen
Werth hatten. Daher endlich jene grenzenlose Gestattung
der richterlichen Willkür sowohl hinsichtlich der Zuerkennung
der Folter, als bezüglich einer Würdigung des Beweiswerthes
eines abgelegten Geständnisses auch in denjenigen Punkten,
in denen, wie bei den nächtlichen Luftfahrten, dem Verkehr
mit dem Teufel, dem ursächlichen Verhältniß zwischen einem
eingetretenen Schaden und dem Handeln der Angeklagten
eine Herstellung des Thatbestandes durch Bestätigung von
außen her nicht zu beschaffen war. Es bedarf keines vollen
Beweises, sondern nur eines „präsumtiven", es reichen aus
Vermuthungen, Wahrscheinlichkeiten, die in solchen Fällen
die Stärke eines Ueberführungsbeweises haben.*) Es genügt
für Zulassung der peinlichen Frage unter Umständen allein
schon eine böse Nachrede.**) Noch im Jahre 1667 als die
schlimmste Periode sich bereits ihrem Ende zuneigte, urtheilt
eine Juristenfacultät, deren maßvolle Zurückhaltung in
mehrfacher Hinsicht anzuerkennen ist, es könne von jenem
einen Punkte die Folter abhängig gemacht werden, dieweilen
in diesem Laster fama das vornehmste Indiz sei.***) Und

---

*) Conjecturae, verisimilitudines quae in tali casu vim plenae
probationis obtinent. (Hardewich a Dassel, responsum juris in
causa poenali maleficarum Winsiensium, Hamburg 1597). Ähnlich
eine stadtoldendorfer Klagschrift aus dem Jahre 1639: hoc in crimine
vel maxime privilegiato conjecturae legitimae prout et in reliquis
occultis criminibus pro evidentibus, veris et concludentibus pro-
bationibus habentur.

**) Fama antiqua et constans et vehemens, quod mulieres
maleficae sint (H. a. Dassel, l. c.)

***) Jur. Facultät Helmstedt, Resp. vom 1. November 1669 in
U. S. gegen Ehefrau Lambt aus Warbsen (Siehe unten S.)

wie leicht war dieses vornehmste Indiz zu beschaffen — die Aussage übelwollender Gemeindegenossen, das erpreßte Bekenntniß einer vor Jahren abgeurtheilten Here reichte vollauf hin. Im Nothfall fanden sich unschwer Anzeigungen anderer Art. Abstammung von einer der Zauberei Berüchtigten, Heimathlosigkeit, unstäter Wandel, ausgesprochene Drohungen in Verbindung mit einem nachher eingetretenen Schaden, rasch zunehmender Wohlstand gehören zu den gangbarsten Indizien. Es kommt selbst vor, daß, wo das Eine als Indiz gilt, das gerade Gegentheil ebenfalls zu einem solchen werden kann. So ist, wer von Kirche und Abendmahl sich fernhält, verdächtig, weil zum Unglauben neigend. Aber mitunter „tragen auch die Heren nicht Scheu mit andern Leuten zum Tisch des Herrn zu gehen, auf Geheiß und Zulassen des Teufels, daß er also, weil andere ihre Bosheit nicht merken, die Zauberinnen desto länger in seinen Stricken behalten und je länger je mehr verführen möge. *)" Aehnlich hinsichtlich des Herenmals. Fand es sich, so hatte man die handgreiflichste Anzeigung für den Verkehr mit dem Teufel, suchte man umsonst, so erinnerte man sich, daß der letztere nur solche Heren zeichne, denen er nicht genug Standhaftigkeit zutraute und mußte nun folgerichtig im Fehlen des Stigma eine Anzeigung ganz besonderer Verstocktheit erblicken. **) Weitere Indizien erwiesen sich dann während des Verhörs und unter der Tortur. Stellte sich Inquisitin offenen Auges, freien Blicks dem Untersuchungsrichter, machte

---

*) W. A. Scribonius, Bericht von Erforschung, Probe und Erkenntnis der Zauberinnen durchs kalte Wasser, 1583.

**) J. Oldekop, observ. criminales practicae Brem. 1664 tit IV obs. 14 Nr. 7.

sie unter den Griffen des Foltermeisters zum Weinen Miene, ohne doch bei dem Uebermaß von Angst und Schmerz Thränen vergießen zu können, oder brach sie ohnmächtig zusammen, so mußte der Teufel die Hand im Spiele haben. Deßhalb rathen die Verfasser des Hexenhammers, daß man, um seinen Künsten besser entgegenzuwirken, die Hexen des Feiertags unter der Messe mit der scharfen Frage angreifen, an ihrem Halse Reliquien befestigen, ihnen Weihwasser einflößen, ihren Körper zur Entdeckung etwa verborgener Amulette von allem Haar befreien möge.

Und nun die Folter selbst. Der Gerichtsgebrauch hatte verschiedene Grade der Peinlichkeit, die sich in der Haupt-sache in den einzelnen deutschen Territorien ziemlich gleich bleiben und im Großen und Ganzen bis in das vorige Jahrhundert sich verhältnißmäßig sehr wenig geändert haben. Für die braunschweigischen Lande ist die Aufeinanderfolge der Grade geregelt durch eine Verordnung des Herzogs Julius, vom 5. Februar 1570. Demnach umschloß der erste Grad den Marterstuhl, das Festbinden der Hände auf dem Rücken, die Daumenstöcke und die Peitsche. Der zweite Grad fügte hinzu das Schnüren mit Banden von Haar oder Hanf, welche den Blutumlauf hemmen, die Haut zer-schneiden und sich schmerzhaft in das Fleisch einpressen, so-wie das Anlegen und Zuschrauben der Beinstöcke (spanische Stiefel). Der dritte Grad enthielt eine letzte Steigerung durch Ausrecken der Glieder auf der Leiter mit dem ge-spickten Hasen, auch auf vorangegangenes Gutfinden der Fürstl. Canzlei und der Herren Räthe nach Beschaffenheit und Schwere des Delicts durch andere geeignete Mittel. Diese diskretionäre Gestattung legt die Vermuthung

nahe, daß jene grausamen Verschärfungen der Foltergrade,
wie sie in nördlinger, bamberger, würzburger Akten so häufig
sich finden, auch hier nicht unbekannt geblieben sind.*) Ueberhaupt hatte, da laut der C. C. C. (Art. 58) die peinliche
Frage nach Gelegenheit des Argwohns der Person viel, oft
oder wenig, hart oder linder nach Ermessen eines guten
vernünftigen Richters vorgenommen werden sollte, desgleichen
auch im Einzelfalle das ergehende Urtheil sich immer nur
in allgemeinen unbestimmten Ausdrücken hält („mit ziemlicher
Schärfe zu belegen" „mit der peinlichen Frage, doch mensch-
licher Art" „nicht über Gebühr"), die Praxis, wie in den
Mitteln, so auch in der Ausdehnung der Folter freie Hand.
Es hieß wohl, die Marter solle nicht über eine Stunde
dauern,**) allein die Beschaffenheit des Falles ließ doch
Ausnahmen zu. Wiederholungen der Folter hätten nur durch
das Auftauchen neuer Indizien gerechtfertigt werden sollen,
doch auch hier wußte man sich zu helfen. Einmal gab ja
eben der Umstand, daß die Pein standhaft überwunden
war, eine neue Anzeigung der Schuld, sodann brauchte man
im Protokoll die Wiederholung des Aktes nur als eine
Fortsetzung desselben zu bezeichnen und hatte damit das
Gewissen salvirt. Ueberstand dann das Opfer die Martern
nicht, so war es keines natürlichen Todes gestorben, der
Teufel hatte, um ein Geständniß abzuschneiden, sich seiner

---

*) So wird z. B. in einem Arnumer Hexenprozeß (mitgetheilt
bei v. Rüling, Auszüge aus kalenberger Hexenprozessen, 1786) ein
Weib, als es unter den Martern bewußtlos zusammensinkt („einschläft")
mit den Beinschrauben hart angegriffen, gleicherzeit aufgewunden,
mit lebendigem Schwefel beworfen und mit Ruthen gehauen.

**) Anscheinend zurückzuführen auf einen Erlaß des Papstes
Paul III. (Bullar I. fol. 471).

erbarmt und ihm rechtzeitig das Genick umgedreht. Die
Widerstandsfähigkeit der gepeinigten Frauen erscheint fast
unglaublich. von Wächter führt*) Beispiele aus nördlinger
Akten auf, denen zufolge ums Jahr 1591 ein Mädchen
zweiundzwanzigmal gefoltert ward und erst beim folgenden
Mal·ein Geständniß ablegte, eine Andere,·als sie auf sieben-
malige Tortur bekannt hatte, beim nächsten Verhör wider-
rief und dabei blieb, obwohl sie noch neunmal gefoltert
und allein in einem Verhör achtmal auf der Leiter gereckt
wurde. Hatte sich aber durch den Schmerz der Folter oder
durch die nicht geringeren Qualen einer langwierigen
Untersuchungshaft in den schmutzigen Verließen der Herenthürme die Beschuldigte zu einem Geständniß hinreißen lassen,
so war ihr Geschick besiegelt, das Gestandene mochte sach-
lich unrichtig, unglaublich, unmöglich sein. In einem ful-
daischen Proceß wird ein Weib, die Braunschweigische von
Margarethenhaun auf Grund ihres Bekenntnisses, den Wirth
Heinz Vogel „gesterbt" zu haben, dem Scheiterhaufen
überliefert, der Wirth aber stand wohl und munter im
Umkreise, als ihr vor der Vollstreckung des Urtheils die
Urgicht vorgelesen ward (Heppe-Soldan Bd. I, S. 390).
Wenn man die peinliche Frage als das Mittel, die
Wahrheit kunstgerecht an den Tag zu bringen, ansehen muß,
so fehlt es nebenbei nicht an Experimenten, vermöge deren
man zunächst ein vorläufiges Urtheil über die Schuldfrage
zu gewinnen meinte. In diesen Herenproben haben sich
die letzten Ueberbleibsel der Ordalien erhalten.· Die eigen-
artigste ist die Wägeprobe, die beliebteste die Wasserprobe,

---

*) S. dessen Abhandlung in den Beiträgen zur deutschen Ge-
schichte ꝛc S. 103.

eine wie die andere hervorgegangen aus demselben Grundgedanken, daß durch die Verbindung mit dem Teufel die
Hexen ihr körperliches Gewicht einbüßen. Indeß mischte sich
bei der Wasserprobe zugleich die Vorstellung ein, das Element
werde in seinen Schooß nicht diejenigen aufnehmen, welche
durch Abschwörung des Christenglaubens das Sakrament
der Taufe von sich gestoßen haben. Die Beweiskraft der
Wägeprobe gründet sich auf eine Wahrscheinlichkeitsrechnung
von recht zweifelhafter Güte. Man schätzte das muthmaß-
liche Gewicht der Verdächtigten nach deren Körperumfang
und setzte sie dann auf die Wagschale, ein Mindergewicht
deutete auf Schuld. Eines hervorragenden Ansehens er-
freute sich die Rathswage der holländischen Stadt Oudewater,
angeblich vom Kaiser Karl V. privilegirt und seitens der
geistlichen Stifter am Rhein und in Westphalen häufig in
Anspruch genommen. Nach einer Mittheilung Soldans
(Bd. I. S. 597) wäre auf ihr die letzte Probe an zwei
münsterländischen Weibern noch im Jahre 1754 vorgenommen.
Bei dem Hexenbade band man den Angeschuldigten die
Daumen an die Zehen kreuzweis über einander und warf
sie rücklings aufs Wasser. Diese Procedur findet sich in
Westphalen, Hessen und Sachsen bald nach der Mitte des
sechszehnten Jahrhunderts, verbreitete sich von dort über
das nördliche Deutschland und scheint im Volke großen Bei-
fall errungen zu haben, während sie von der Wissenschaft
nicht recht anerkannt wurde. Als im Jahr 1585 der marburger Professor Wilhelm Adolf Scribonius (Schreiber) dem
Rath von Lemgo die Zulässigkeit der gedachten Probe gut-
achtlich darzulegen versucht hatte, *) verfaßte sein Helmstedter

---

*) in der bereits erwähnten Flugschrift.

College, der Mediciner Hermann Neuwalt eine ausführliche Gegenschrift und wies darin mit einem Aufwande großer Gelehrsamkeit nach, daß das Hexenbad weder historisch zu begründen, noch (als leichtfertige Versuchung Gottes) aus religiösen Gesichtspunkten zu billigen sei, daß es zugleich aber auch im Resultate sich als durchaus unzuverlässig erweise, indem der Teufel bei gutem Willen die Hexen im Wasser durch Hinunterziehen wohl retten könne, aus dem Feuer dagegen, dahinein sie nach allem Recht gehörig, sie zu erlösen nicht die Macht habe. Neuwalts Ausführungen fanden vielfach Anklang und Unterstützung, in weiteren Streitschriften des Bremer Arztes Ewich und des Lüneburger Juristen Hartwig von Dassel auch neue Begründung. Unter den Argumenten des Letzteren ist der Hinweis auf die Thatsache, daß die der Zauberei Denuncirten selbst so häufig um Zulassung zur Wasserprobe ansuchten, nicht das geringste und sicherlich eines, das seine Wirkung ad hominem kaum verfehlen konnte. Nichtsdestoweniger hat sich das Hexenbad in manchen Gebieten Norddeutschlands noch geraume Zeit gehalten und ist erst mit dem Aufhören der Hexenverfolgungen selbst in Vergessenheit gerathen. In den braunschweigischen Landen war es noch in der zweiten Hälfte des siebenzehnten Jahrhunderts in lebhaftem Gebrauch. So rescribirt in einer Prozeßakte aus dem Jahr 1653 der Herzog August von Braunschweig-Wolfenbüttel (1635 - 1666) an seine Räthe, man solle, dieweilen „das Wasser fein warm, das alte Weib, doch ohne groß' Gebrüll, des Morgens mit dem Thorschließen in der Stille durch den Diebshenker aufs Wasser werfen lassen, denn es werde in unterschiedlichen Fällen befunden, daß die Bekenntnisse dadurch facilitirt würden. Könne auch nicht schaden, daß die andern Weiber, so gefänglich eingezogen, gleicher Weis in etwas badeten." Und als zwölf Jahre später eine Frau aus dem Dorfe Kirchbraak in Verdacht gerathen war, den Leuten die Butter verzaubert und das große Viehsterben verursacht zu haben, da richtet die ganze Gemeinde ein eindringlich Bittgesuch an den Herzog, man möge doch geruhen, die Beschuldigte der Wassertauche theilhaftig werden zu lassen, zu ihrem eignen Besten und zur Wohlfahrt des Dorfes, damit demselben die Ruhe wiederkomme.

III.

Seit dem Ausgang des sechszehnten Jahrhunderts haben die **äußeren Formen des Verfahrens** in Hexensachen sich wenig geändert. Nur die Protokolle sind ausführlicher und sorgfältiger, daher in manchen Beziehungen lehrreicher, die Akten dickleibiger geworden.

In kurzen Zügen läßt sich der Gang eines Hexenprocesses, wie die hiesigen Akten ihn darstellen, etwa dahin zusammenfassen. *)

Auf ergangene Anzeige befragt in den mit eigner Gerichtsbarkeit ausgestatteten Städten der Rath, auf dem Lande zumeist der fürstliche Amtmann die nächsten Zeugen kurz über den Sachverhalt, hört auch wohl die Angeschuldigte

---

*) Die Proceßformen bieten in den einzelnen deutschen Gebieten nur geringe Verschiedenheiten, wie überhaupt sowohl die Gerichts=verhältnisse, wie die Formen der streitigen und der freiwilligen Rechts=pflege, ungeachtet der vielfachen partikularen Zersplitterung des mate=riellen Rechts in Deutschland sich auffallend gleichmäßig entwickelt haben. S. darüber Stölzel, Entw. des gelehrten Richterthums I, S. 3.

summarisch und läßt die letztere in sicheren Gewahrsam bringen. Sie bleibt während der ganzen Untersuchung in Haft, sofern nicht der Besitz eines Grundstücks oder Bürgschaft ihrer Angehörigen für den Fall des Entweichens vermögensrechtliche Sicherheit bieten. Inzwischen entwirft der Instruent, vielfach ein für den besonderen Fall, committirter gelehrter Jurist, die Fragestücke. Eine Frage, von wem Inquisitin das Zaubern gelernt, ist durch die C. C. C. vorgeschrieben und legt oft genug den Grund zu neuen Verfolgungen. Andere, wie bezüglich der schmutzigen Details der Teufelsbuhlschaft, sind durch den Gerichtsgebrauch typisch geworden. In Gegenwart mehrerer Anfangs noch dem Laienstande entnommener Beisitzer beeidigt der Untersuchungsführer die Zeugen, verhört die Angeschuldigte ausführlich auf die einzelnen Frageartikel, verzeichnet die Art ihres Benehmens, ihre Geberden sorglich im Protokoll, stellt Zeugen und Angeschuldigte einander gegenüber. Jetzt versucht man etwa die Wasserprobe und schickt denn die Akten an einen Schöffenstuhl (Magdeburg, Brandenburg) oder eine Universität (Helmstedt, Jena, Rinteln) um ein Gutachten, ob genugsame Anzeichen zur Tortur vorhanden. Der letzteren voran geht ein nochmaliger Vorhalt „in Güte" und die Territion, eine Vorstellung des Scharfrichters (Angstmannes) mit seinen Instrumenten, Bedrohung mit letzteren (Verbal-Territion) und handgreifliche Demonstration, wie selbige zu gebrauchen Real-Territion). *) Da es hierbei gestattet war, einige

---

*) Die Territion kommt zuweilen auch als selbständiger Akt, ohne nachfolgende Folter vor, „die Instrumente werden der Inquisitin vorgelegt, der Meister führt sie zur Leiter, entblößt sie, thut als wenn er sie angreifen wolle. Inquisitin gestehet Nichts. Dimittitur." (Halle a/W. 1653).

Minuten lang den erſten Grad probeweiſe zu exerciren,*)
ſo mochte nur der Scharfrichter ſelbſt wiſſen, wann die
Territion aufhörte und wo die Tortur begann. Auch
hat es mit dem „gütlichen" Geſtändniß oft eine eigene Be-
wandtniß, wenigſtens nennt Friedrich von Spee es etwas
ganz Gewöhnliches, daß, wenn auf leichtere Tortur ein Bekenntniß erfolge, der Richter zu Protokoll nehmen laſſe,
Inquiſitin habe in Güte bekannt.**) Uebrigens hört während
des Torquirens gemeinrechtlich das Inquiriren auf, denn
ein unter dem Akt des Folterns abgelegtes Geſtändniß hatte
keine rechtliche Bedeutung. Erklärte daher Inquiſitin ſich
zu neuen Ausſagen bereit, ſo ſetzte man die Marterwerk-
zeuge in Stillſtand, lockerte die Banden und fuhr nun mit
dem Protokolliren fort. Nach beendigter Folter wird das
Endurtheil wieder in gleicher Weiſe, wie das frühere, von
auswärts eingeholt. Damit der verurtheilende Spruch vollzogen werden könne, muß das abgelegte Geſtändniß frei-
willig wiederholt werden, die Ausſicht auf Wiederbeginn
der Peinlichkeit läßt es nicht allzu häufig zu einem Wider-
rufe kommen. Hat der Urtheilſpruch die Beſtätigung des
Gerichtsherrn gefunden, ſo folgt noch das hochnothpeinliche
Halsgericht, urſprünglich (C. C. C. 82—99) die mündliche
Haupt- und Schlußverhandlung des Proceſſes, in welcher

*) Erſt Herzog Karl I. verfügt in der Verordnung vom 27.
Auguſt 1744, daß bei der Territion weiter nichts als die Daumen-
ſchrauben angelegt, dieſe aber auch zehn bis zwölf Minuten lang
zugeſchroben werden dürfen. Der Mißbrauch, welchem hierdurch ge-
ſteuert werden ſollte, iſt anſcheinend allmählich in der Praxis auf-
gekommen. Wenigſtens ſollte nach der Verordnung von 1570 der
Delinquent bei der Realterrition auf den „Peinigſtuhl" herabgezogen
werden können, jedoch „daß es hierbei verbleibe".
**) (c. Spee cautio criminalis dub. XX, rat. 9.

die Anklage verlesen, die Angeklagte über Richtigkeit des abgelegten Geständnisses befragt (Urgicht), das Urtheil eröffnet, die Verurtheilte dem Nachrichter feierlich überwiesen und Letzterem Friede gewirkt wird. Aber je mehr das schriftliche Untersuchungsverfahren sich ausbildet, desto mehr ist der „endliche Gerichtstag" zu einer leeren Förmlichkeit herabgesunken. Kaum, daß einige Akten 'einen Vermerk über Erfüllung der Form enthalten (Urgichtsformulare N. N. stehest du los, ledig und ungebunden, so höre, was dir wird Schuld gegeben!) Ueber den Vollzug des Urtheils giebt eine kurze Registratur Ausweis. Das inhaltsschwere **Fiat executio** des Gerichtsherrn und der lakonische Vermerk des Gerichtsschreibers: **Factum** bilden zuweilen den einzigen Beleg dafür, daß wiederum ein Opfer des Aberglaubens „sich zur Strafe und Anderen zum wohlverdienten Exempel" in Flammen aufgegangen ist.*)

Zur weiteren Veranschaulichung der vorstehenden Umrisse mögen einige Auszüge aus Akten des braunschweigischen Landes-Haupt-Archivs hier Platz finden. Einer verhältnißmäßig späten Zeit entnommen, legen sie Zeugniß dafür ab, wie ohnmächtig die längst von wissenschaftlicher Seite unternommenen Aufklärungsversuche sich gegenüber der Macht des Wahns erwiesen hatten und wie leichtfertig man mit dem Indizienbeweise und der Folter noch immer zu Werke ging. Sie zeichnen sich aus durch eine seltene Ausführlichkeit der Torturprotokolle und dürften vielleicht auch in psychologischer Beziehung nicht allen Interesses entbehren.

* * *

---

*) Vergl. die Prozeßakte gegen Anna Priegnitz und Complicen zu Parleib (Amt Calvörde) 1621. Abgedruckt im Braunschw. Magazin von 1815, Nr. 52, auszugsweise.

Eine Bergmannsfrau in Wildemann auf dem Harze, Anna Müller, Liborii Schmidts Eheweib, ist im Jahre 1661 von ihrer Nachbarin Liese Kraus der Zauberei geziehen. Sie soll der Angeberin im Kindbett die Milch benommen, nachher dessentwegen eine verrufene Alte, die Ursel, verdächtigt und der Wöchnerin gerathen haben, durch das „Sacktlopfen" nomine daemonis die Thäterin zu ermitteln. Der Oberbergrath von Heimburg leitet die Untersuchung ein, nimmt die Beschuldigte mitsammt der alten Ursel gefänglich an und verhört eine Anzahl von Zeugen, welche von beiden Weibern manches Verdächtige zu erzählen wissen. Die Ursula soll mehreren Frauen mittelst abergläubischer Kuren die „guten Holden" entfernt haben. Sie hat dabei eine mit Garn umwickelte Scheere der Patientin auf den Kopf gelegt und unter einem Zaubersegen geschmolzenes Blei durch die Öhre der Scheere ins Wasser tröpfeln lassen. Die Zeugen haben mit Erschrecken wahrgenommen, daß das heiße Blei im Wasser nicht gezischt, sondern gequikt habe, wie kleine Ferkel. Hinsichtlich der Anna Müller beharrt Liese Kraus auf ihrem Argwohn; thatsächlich sei ihr die Milch ausgeblieben, seitdem Jene bei einem Wochenbesuch ihr die Brüste begriffen habe. Andere Weiber berichten, daß die Müller, als vor Jahren einmal Kohl aus ihrem Garten gestohlen worden, behufs Ermittelung des Diebes Kohlstrünke in den Rauchfang gehängt hat, darüber Einer, Töffel Trümper, krank geworden und nachmals gestorben sei. Auf summarisches Verhör räumt Anna Müller den Besuch bei Liese Kraus ein, will aber weder ihr die Milch genommen, noch auf Töffel Trümper zauberischer Weise den Kohl aufgehängt haben. Ursel dagegen gesteht ihre Bleikuren und wiederholt den dabei gesprochenen Segen. „Sei aber kein Zauberspuk und das Zischen gehe natürlich zu."

Der Herzog August zu Wolfenbüttel verfügt nach Einsicht der Akten, daß die beiden Frauen, welche von der Ursel sich haben Blei gießen lassen, wider Gottes Gebot, nach vorgehender Kirchenbuße vierzehn Tage. Gefängniß haben sollen, die Ursel wegen abergläubischen Segnens und Abtreibung der guten Holden durch Bleigießen des Landes verwiesen werde, Anna Müller aber, weil sie Kohlstrünke in Rauch gehenkt, davon der Thäter gleich den Strünken verdorret, von Tag zu Tage vergangen und endlich gar des Todes sein müssen, auf unterschiedliche Artikel, ob sie mit ihrer Hexerei nicht mehr Böses gestiftet, mit scharfer peinlicher Frage zu belegen sei.

Unter dem Vorsitz des zellerfelder Oberzehntners nimmt die Untersuchung nunmehr ihren Fortgang. Die Zeugen werden abermals vernommen und beeidigt. Auf angestelltes artikulirtes Verhör bleibt die Beschuldigte bei ihrem Leugnen und erbietet sich umsonst zur Wasserprobe. Nun schreitet man zu Territion und Tortur. Ueber letztere wörtlich, wie folgt. „Vincit carnifex ipsi primo manus post tergum. Illa: Wollt Ihr mich begnadigen, so will ich sagen, daß ich zaubern kann; es ist aber nicht wahr. (Bei Anlegung der Schnüre) Laßt mich los, ich will sagen, daß Gott im Himmel nicht ist. Was wollt ihr mir denn thun, den Hals ab oder ins Feuer? (Wird zur Leiter geführt,) beharrt, sie hätte nur die Kohlstrünke in Rauch gehängt, das sei aber keine Zauberei. Torquetur, rufet, man solle sie loslassen, sie wolle bekennen. Carnifex jubetur, de compressione crurium uti et extensione membrorum remittere eamque solvere. Bekannt, sie kann zaubern, habe auf Töffel Trümpern die Strünke aufgehängt und sei er darüber gestorben; der Teufel habe ihr eingegeben, der Lise Kraus an die Brust zu greifen und ihr die Milch zu nehmen. Er wäre ihr erschienen als ein Mannsbild, heiße Nickel und hätte mit ihr zugehalten zwei Jahr, ihr Mann wisse nichts davon; sie würden gleichsam eiskalt, quando congressum haberent cum daemone. Sei ihr zuerst als schwarzer Mann im Bergwald bei Grund erschienen und habe sie mit großer Verheißung zu seinem Willen gebracht; hätte ihn Anfangs nicht erkannt, nachdem aber hätte er sich präsentirt mit einem Pferdefuß und sie ihm zugesagt, sein zu sein und von Gott abzulassen; habe einen Wildemannsthaler von ihm bekommen, präsentire sich noch in ihrer Custodien. Habe den Tod verdient und wolle sterben. Viermal wäre sie und die alte Ursula in der Walpurgisnacht auf dem Brocken gewesen. Habe zwei Kühe behext. Wenn man der Ursula thäte, wie ihr, würde die auch wohl sagen, was sie könnte. Der Spielmann und Sackpfeifer auf dem Brocken wären gut gewesen, auch gutes Bier zu trinken. Sie hätte sich auf den Besenstiel gesetzt und gesagt: oben aus und nirgend an! Der Satan hätte auf dem Stuhl gesessen und sie hätten ihm die Hand gegeben, brav getanzt, eine Stunde lang. Die alte Ursula sei ihr Nachbar dort gewesen. Vom Wilde-mannsthaler habe sie Speise gekauft. Wäre vom bösen Feind ab und habe nichts mehr mit ihm zu thun. Wird zum fleißigen Beten ermahnt und der Akt geschlossen."

Nach einigen Tagen theilt der Frohnknecht dem Ober-bergrath mit, die Gefangene beginne zu widerrufen. Wieder-vorgefordert, fängt sie an zu beten „Gott der Vater steh

3

uns bei", widerruft bald, bald bekennt sie wieder, entlastet aber die Ursula. Flehentlich bittet sie, mit ihrem Manne zusammenkommen zu dürfen, wolle lieber von ihm Wasser und Brod, als vom Rath und Gericht Speise und Trank annehmen. In die Haft zurückgeführt, erzählt sie dem Weibe des Frohnknechts, daß ein Jahr lang Eidechsen, Schlangen und weiße Spinnen, so ihr von bösen Leuten angezaubert, von ihr gegangen seien, wenn sie nun eine Here wäre, so würde sie sich solches ja haben selbst wieder wegbringen können, so ihr doch unmöglich gewesen. Das Gericht läßt sie von Neuem vorkommen. Sie widerruft die vormaligen Bekenntnisse, aber mit dem sofortigen Hinzufügen, daß, wenn sie wieder auf die Marterbank solle, sie alles wieder eingestehen müsse. Man giebt ihrem Wunsche, ihren Mann zu sehen, nach. Beide werden in Gegenwart von Zeugen auf dem Gerichtssaal zusammengeführt. „Sie um-halset ihren Mann und redet: mein lieber Mann, wenn ich ja nicht wieder zu Euch komme, so verkauft mein Zeug und Blümchen und macht's Euch zu gut. Worauf aber ihr Mann aus Wehmuth und vor Weinen nicht antworten können." Und doch, setzt das Protokoll hinzu, solle man nicht meinen, daß letzthin in der Tortur modus excedirt, sei levis et brevis gewesen und der ganze actus torturae habe nicht über eine Stunde gedauert.

In Folge des Widerrufs beginnt die Qual von Neuem. Schon bei der Territion räumt Inquisitin den Bund mit dem Teufel wiederum ein. Er habe sie damals bei Grund in einem Sturmwind überfallen, weil sie vielleicht an jenem Morgen vergessen habe, sich zu segnen. Doch sei sie ihres fleißigen Betens halber seit einem halben Jahr nicht mehr

von ihm angefochten. Wolle lieber sterben, als in der
Frohnveste sitzen bleiben. Abermals auf die Folter gebracht,
geschnürt und zweimal gemächlich an der Leiter aufgewunden
(sensim elevata), schreit sie, man solle sie loslassen, sie wolle
sagen, was sie wisse. „Es seien genug Hexen in Wildemann,
die ärgsten die Bleyerin und Stutzerin, beide habe der
Teufel reich gemacht. Sie habe auch nach ihrer Nothdurft
Geld vom Teufel bekommen, zu Zeiten einen halben Thaler,
auch mehr, bisweilen habe er, salva venia, Dreck auf ihrem
Tische gelassen. Könne gar nicht sagen, wie oft sie mit dem
Bösen zu thun gehabt, sei jedes Jahr auf dem Brocken
gewesen. Allda habe es viel Bier gegeben und Zithern
und Fideln, groß Gekrabbel und Getümmel, solcher Lärm,
daß man nicht Alle kennen können. Sie selbst sei von der
Froschin zum Teufelsbund gebracht, die habe ihr eine Ofengabel in die Hand gegeben, welche sie in den Mist stecken
müssen, mit folgenden Worten: ich stecke die Gabel hie
in den Mist und verschwöre den Herrn Jesum Christ. *)"
Sie bekennt nun auch, an dem jährlichen Diehsterben in
Wildemann schuldig zu sein, doch habe sie keinem Menschen
außer Töffel Trümpern ein Leid zugefügt. Hic se nimium
suspectam facit, unde carnifex iterum eam vincire jubetur.
Doch, vor zehn Jahren habe sie gute Hollen einer Frau
ins Bein gewiesen, daran sie verstorben, auch wohl anderen
Frauen, doch hätte sie denen die Hollen wieder genommen.
Carnifex adstringit ligamenta. „Hätte so vielen Leuten
Schaden gethan, daß sie es nicht sagen könnte; obs nicht
genug wäre, einen ganzen Bogen voll herzusagen, wie sie

---

*) Die übliche Abschwörungsformel.

itzo gethan. Zum Hexentanz hätte sie sich die Beine unten
mit Salbe schmieren müssen; nach dem Tanze müßten sie
dran und geschehe **congressus diabolicus**. Man möge sie
doch loslassen, da sie sonst unschuldige Leute beschweren
müsse, die Bleyerin, Stutzerin und Ursula wären schuldig
und wolle sie es ihnen wohl ins Gesicht sagen. Bittet, die
Herren wollen ein Vater unser für sie beten und möchten
sie mit dem Schwert richten, ob auch Hexen sonst gebrannt
würden."

Auf gehaltene Nachfrage ergiebt sich, daß diejenigen
Frauen, welchen die Gefangene gute Hollen angezaubert
haben will, in der zutreffenden Zeit gar nicht krank gewesen sind, auch in der Ortschaft letzterzeit ein Viehsterben nicht stattgefunden hat. Dagegen stellt der Orts-
prediger den mitbezüchtigten Weibern, der Bleyerin und
Stutzerin kein sonderliches Zeugniß aus und bemerkt, es
gehe das Gerücht, daß sie mehr könnten, als andere Leute.
Desgleichen wird den Gerichtsherren von einem Nachbar
der beiden Frauen hinterbracht, daß Nachts ein feuriger
Drache durch die Luft in ihr Haus fliegen solle. Von dem
Ehemann der Gefangenen, Liborius Schmidt, geht das
Gerede, er habe gefährliche Drohungen ausgestoßen, daß
er denen, so sein Weib ins Unglück gestürzt hätten, den rothen
Hahn aufs Dach setzen wolle; hätte auch in einer heimlichen
Zusammenkunft, die der Frohndiener ihm gegen Verbot mit
seiner Frau vermittelt, diese gebeten, sie möge doch das, was
sie über ihn selbst wisse, nicht an den Tag bringen. Der
Mann wird darauf gefänglich eingezogen. Ebenso hat man
die alte Ursel, anstatt das frühere Urtheil gegen sie in
Vollzug zu setzen, auf die erste peinliche Aussage der Müllerin

wieder in Haft gebracht. Als der Oberzehntner in Wolfenbüttel der Ursel halber um Verhaltungsmaßregeln anhält,
antwortete man von dort: „Hat man die Wasserprobe mit
ihr nicht versucht? Könnte ad majorem confirmationem
nicht schaden." Und als weiter angefragt war, ob, bevor
man der Müllerschen ihr Recht anthue, weitere Nachfor-
schungen auf einzelne zweifelhaft gebliebene Punkte ange-
stellt werden sollten, ließ der Herzog zurückschreiben: Es
wird wohl keine weitere Nachfrage nöthig sein, man wird
mit ihr als einer Hexe verfahren müssen. Sofern die be-
sagten Personen auch sollten eingezogen werden, wird es in
infinitum hinwähren. Daß sie in den vielen Jahren nicht
sollte Anderen ihre Künste auch gelernet haben, können wir
nicht glauben, aber es ist besser, daß man das Faß zu-
schläget. Denn sonsten es in infinitum cessiren würde."
Allein inzwischen hatte die Sache bereits ein unvorher-
gesehenes Ende gefunden. Am zweiten Oktober 1661 berichtet der Oberbergrath nach Wolfenbüttel, daß die inhaftirte Müller, nachdem sie zwei Tage nichts zu sich genommen
und der Schwulst in Beinen und Füßen sich vermehrt habe,
unvermuthens gestorben sei. Der Herzog verfügt, der todte
Körper solle ins Feuer geworfen, die Untersuchung gegen
die Bleyerin und Stützerin, da eine Confrontation nunmehr
nicht weiter möglich, niedergeschlagen, Liborius Schmidt gegen
gewöhnliche Urphede der Haft entlassen werden; wegen der
Ursula behalte es bei dem früheren Urtheil sein Bewenden.

* *
*

Grete Hundertmark, Hansen Metken, alias Stromeyers
zu Greene ehelich Weib, dreiunddreißig Jahre alt, soll Menschen und Vieh Krankheit zugewiesen haben (1665). Die

Zeugen geben darüber folgendes an. Die Brinkmannsche in Erzhausen, plötzlich von einem heftigen Reißen im Bein befallen, hat ihren Sohn mit dem Oberhemde, das sie zuvor getragen, an einen weisen Kuhhirten zu Grafelde im Winzenburgischen (Hannover) geschickt, um Rath und heilende Kräuter zu holen. Der Hirte bescheidet den Abgesandten dahin, daß es seiner Mutter von bösen Leuten angethan sei und zwar von derjenigen Person, welche ihm vor seines Vaters Hause demnächst zuerst begegnen werde. Als Brinkmann sich wieder auf den Heimweg gemacht hat, erhebt sich unweit des Dorfes Esbeck bei Alfeld ein gar unnatürliches Windsbrausen und es gedäuchet ihm, als stände ein großer schwarzer Kerl vor ihm, der ihn greifen wolle. Kaum, daß er vor Angst und Grauen den Heimathsort noch erreichen kann. Die erste aber, die vor dem elterlichen Hause sein Auge trifft, ist Grete Hundertmark: weder sein Vater, noch die Mutter haben sie erblickt und ihr Fuß hat im tiefen Schnee keine Spur gelassen. Wie Brinkmann, so hat auch ein Einwohner aus Brunsen gegen ein unnatürlich Geschwulst und ganz unerhörtes Reißen im Leibe den grafelder Hirten angesprochen und von ihm Kräuter zum Räucherwerk bekommen; alsbald legt sich die Krankheit und viel kleine lebendige Würmer mit rothen Köpfen kommen aus dem Schaden hervor. Der Hirt hat die Hundertmark der Urheberschaft geschuldigt, diese aber auf Vorhalt des Zeugen ausgerufen, sie wolle bitten und beten, daß demjenigen, welcher sie in ein solch Gerüchte bringe, alles Unglück an seinem Viehe beschehen möge. Kurz nachher ist dem Zeugen eine Kuh gefallen und laut des Scharfrichters Befund vergiftet gewesen. Einige Weiber aus Greene, welche der grafelder Medicinmann gleichfalls kurirt hat, bringen ihre Krankheit ebenmäßig mit einem Besuch der Hundertmark in Verbindung. Endlich sagt man derselben nach, daß ein kleines Kind, in eine von ihr gebrauchte Wiege gelegt, alsbald an einem bösen Geschwulst erkrankt und hernach gestorben sei. Ihrem Rufe ist übrigens nichts anzuhaben, ihres Arbeitsfleißes wird rühmlich erwähnt. Wenn sie freilich in der Ernodte an einem Tage mit einem zwölfjährigen Jungen neun Stiegen Weizenkorn abgeschnitten und aufgebunden habe, so könne das unmöglich mit rechten Dingen zugehen, wie denn auch ihre Base, die alte Hundertmark eine rechte Zaubersche gewesen sei.

Vom Herzog August wird der einberichtete Fall dem Criminalsecretair Clampius überwiesen und der Transport der Gefangenen nach dessen Amtssitz Wickensen verfügt, damit man die Wasserprobe vornehme. Der Instruent meldet denn auch bald, daß das Weib anher nach Wickensen gebracht und auf das Wasser gesetzt sei, schwimme wie eine Ente, wolle dennoch von nichts Bösem wissen. Es streite gegen sie zunächst die Wasserprobe, dann die denunciatio. Letztere rühre her von einem Kuhhirten im Amt Winzenburg, welcher ein rechter Teufelsbanner sein solle; man gebe anheim, ihn nach Artikel 21 der Peinlichen Gerichts-Ordnung bei seiner zuständigen Behörde zur Verantwortung zu ziehen. Das weitere Verfahren mit der Gefangenen anlangend, so sei man der Meinung, es würden auf vorzunehmende Inquisitio sich bessere Indicia finden, derowegen Acta an die Universität Rinteln verschickt werden sollten. In Wolfenbüttel ist man damit einverstanden und meint, der Meister werde es hoffentlich endlich auch herausbringen.

Unterm 28. Auguſt 1665 kommen die Akten von Rinteln
mit dem Spruch zurück, es ſolle zuerſt ein libellus inquisi-
torius, worinnen alle wider die Inhaftirte militirenden Indizien artikulirt, abgefaßt, der Inhaftirten Bekenntniß und
Ausſage darüber vernommen, ſie mit den Zeugen confrontirt,
deren Gebehrde und wie ſie ſich bei dem actu confronta-
tionis bezeigen werde, fideliter protokollirt und ſodann wieder
angefragt werden. Am 10. Oktober findet die Vernehmung
ſtatt. Inquiſitin leugnet, fällt auf die Knie und bittet, ſie
nicht an den Ort kommen zu laſſen, wo die Hexen hinkämen,
ſie ſei ein ſo ehrlich Weib, als es nur auf Erden gebe.
„Siehet hin und wieder und wringet ihre Hände.“ „Siehet
ſich weit um und weiß darauf nichts zu ſagen.“ „Schlägt
vor die Bruſt, ruft abermals über ihre Ehre und Redlichkeit.“
Die Zeugen beharren bei ihren Verdachtsgründen.

Unterdeſſen war ein neuer Ankläger gegen das bemit-
leidenswerthe, nach dem erſten Verhör auch von ſeinem Manne
im Stich gelaſſene Weib aufgetreten. Jeremias Wielers
aus Brunſen hatte dem Amtmann vorgetragen, daß die
Gefangene auf ihn, weil er einmal um Pfingſten mit ihrem
Manne etliche Kannen Bieres getrunken, einen Haß geworfen
habe, als ob ſie Jenen zum „Geſöffe“ verführen wolle; nachdem
ihm ſeither ein Pferd in einem gar liederlichen, untiefen
Loch ertrunken und die Hundertmark des Oeſteren in der
Nähe geſehen ſei, könne er nicht anders, als ſie der That
anſchuldigen.

Abermals gehen die Akten mit den Verhörsprotokollen
und dem neuen Klagepunkte nach Rinteln und ein ander-
weites Urtheil erfolgt dahin, daß „wofern Inquiſitin in der
Güte nichts bekennen will, ihr wohl befugt ſeid, ſie dem

Scharfrichter auf die Maße zu übergeben, daß er sie mag ausziehen, entblößen, zur Leiter führen, die Instrumente zur Peinlichkeit gehörig vorzeigen, die Daumenstöcke anlegen und damit zuschrauben und mit den Banden zuschnüren, jedoch, daß es bei dem, wie jetzt gedacht, verbleibe." Zugleich soll Inquisitin auf zweiundzwanzig von der Facultät entworfene Fragen mit Ernst vernommen, ihre Aussage fleißig protokollirt und dann in puncto repetitae torturae weiter erkannt werden, was Rechtens.

Am 18. Oktober ist zu Greene das peinliche Verhör vorgenommen, wie folgt. „Ist zuvörderst der Scharfrichter hereingefordert und selbigem das von der Juristenfacultät zu Rinteln eingelangte Urtheil publicirt und im Fall Inquisitin in der Güte noch nicht bekennen sollte, sich selbigem gemäß zu halten anbefohlen; post discessum carnificis ist auch Inquisitin hereingefordert, mit allem Fleiße vermahnt, Gott und der Obrigkeit die Ehre zu geben und ihre Sünden zu bekennen und ihren Leib der Marter zu entziehen. Deponirt darauf, wie folgt:

1. Ob sie nicht mit der alten berüchtigten Hundertmarkschen viel umgegangen, dieselbe zum Oefteren getränkt und gespeiset?	**Negat per totum.**
2. Ob nicht des Oppermanns Kind in ihrer Wiege sofort krank worden?	**Negat und wäre erlogen.**
5. Ob sie nicht bei dem kranken Kinde in der Wiege sich niedergesetzet und des	**Negat per totum; repetit toties quoties, sie habe solches nicht gethan.**

Kindes Hände in ihre ge-
schlossen?

4. Ob das Kind nicht so-
fort immer schwächer und
kränker worden?

5. Ob sie nicht dem Kinde
das Uebel angethan und die
Wiegen, da sie selbige nicht
länger behalten sollen, vergiftet?

6. Auf was Weise sie solches
gemacht und was Mittel sie
dazu gebrauchet?

7. Ob sie gleichfalls Jürgen Brinkmanns Mutter nicht
bezaubert, durch was für
Mittel, mit was Weise und
Gelegenheit solches geschehen?

Nescit, sei bei dem Kinde
nicht gewesen, bittet hundert-
tausendmal um Gottes Willen,
sie durch den Scharfrichter
nicht angreifen zu lassen.

Negat per totum, wenn sie
sollte auseinander gerissen
werden, könnte sie doch nichts
bekennen.

Cessat. Rufet überlaut, wringet ihre Hände und bequemt
sich, aufs Aeußerste zu weinen,
kann aber keine Thränen
fallen lassen, rufet ferner:
ach Gott, sei mir altem, ehrlichem Weibe zufrieden. Der
Amtmann sagt, daß die ganze
Gemeinde sie beschuldigt und
sie weiter nicht leiden wolle.
Inquisitin verwundert sich
darüber.

Negat, ziehet einen Finger
nach dem anderen, wringet
die Hände und ist in ex-
tremis angustiis constituirt,
sagt: Herr Amtmann, thut
mir ehrlichem Weibe kein
Unrecht.

8. Ob sie nicht damals auf dem Brinkmannschen Hofe gewesen?

9. Ob nicht Katharine Kastens, Pagenmeyers Ehefrau, wie sie acht Tage vor Walpurgis in ihrem Backofen gebackt, allda schleunig krank worden?

10. Ob sie nicht des andern Morgens in Pagenmeiers Haus gegangen und vor dem Bette sich auf die Hucke gesetzt, und gefragt, ob sie krank wäre?

(Fragen 11, 12, 13, 15 und 16 betreffen unerhebliche Punkte.)

14. Ob sie der Pagenmeyerschen solch Uebel nicht unnatürlicher Weise angethan?

Negat constanter.

Affirmat, daß Kathrine Kastens krank worden; sie aber habe daran keine Schuld und hätte diese Katharine selbst damals gesagt, daß die Krankheit ihr aus dem großen Zehen gekommen und selbige lange vorher gefühlet.

Negat.-Nos: sie hätte ja sonst gestanden, daß sie diese Katharine auf dem Bette liegen sehen. Illa **affirmat,** jedoch hätte sie sich nicht in die Hucke gesetzt. **Nos:** solle die Wahrheit sagen. Inquisitin: würde sie gerichtet, würde seintag ein solch ehrlich Mensch nicht gerichtet werden und hätte Inquisitin nach der Katharine Krankheit nicht gefragt und ist Inquisitin in großen Aengsten, sagt, man solle unseren Leib und Seele bedenken.

Negat und wisse solches nicht zu thun.

17. Ob sie nicht Jeremias Wielers, weil er ihren Mann zum Gesöffe verführt, Feindschaft zugeworfen?

Negat.

18. Ob Wielers und ihr Ehemann, als sie von Einbeck wiederkommen, nicht mit einander getrunken?

Affirmat.-Nos: bei erstem Verhör hätte sie ja gesagt, sie wisse solches nicht. **Illa:** wäre ihr nachher erst beigefallen.

19. Ob sie deswegen ihren Ehemann nicht mit groben Scheltworten bewillkommnet und angefahren?

Negat.

20. Ob nicht darauf Wielers bestes Pferd in der Weide gestorben und in einem gar kleinen geringen Loch todt gefunden?

Solches möchte sein, da könne sie nichts zu thun.

21. Ob sie nicht desselben Morgens früh vor Sonnenaufgang, ehe andere Menschen solches gesehen, dabei gewesen und das Pferd besehen, und auch unterschiedlich hernach nach dem todten Pferde gegangen?

Negat, außer daß sie bei Tage, nachdem bereits die Schweine getrieben, nach der Wiese gegangen und von ungefähr zu dem Pferde gekommen, hätte aber das Pferd nicht gesehen.

22. Ob sie solches Pferd nicht aus Haß und Feindschaft durch zauberische Mittel ums Leben gebracht, und wie und was Weise solch's geschehen?

Negat.

Wie nun Inquisitin bei ihrem Leugnen verblieben, ist dem Meister befohlen, sich der Urtel gemäß zu verhalten. Inquisitin rufet überlaut: wollt ihr wissen, was ich gelernt? Ich habe den sechsten und dreizehnten Psalm gelernt. Manche Leute könnten Geschwulst segnen, solches könnte sie bei ihrer Seelen Seligkeit nicht wissen. Rufet überlaut. Der Meister nimmt sie an und läßt sie ausziehen, fragt sie, von wem sie das Hexen gelernt. Illa: solches könnte sie nicht. Der Meister läßt sie ausziehen. Inquisitin verbleibt dabei, sie könne nichts. Der Meister läßt sie zur Leiter führen und ferner entblößen. Inquisitin: wenn sie was sagen sollte, müßte mans ihr vorsagen; rufet überlaut: was will das für eine schwere Verantwortung sein, was hier an mir geschieht! Der Meister lässet sie schnüren und die Schrauben anlegen, vorher aber sind der Inquisitin die Instrumente zum Schrecken vorgelegt. Illa: Gott, tausend Sacker, Herr Amtmann, schont meiner. Nos: sie solle sagen, von wem sie das Zaubern gelernt. Illa: solches könnte sie nicht, bleibet dabei, wenn sie was sagen sollte, müsse man's ihr vorsagen, sagt daneben: Jesus, was bin ich ein ehrlich Weib; hätte ihres Vaters Schwester was bekannt, das möchte sie thun, sie könne nichts. Nos: sie solle bekennen, ob sie nicht das Kind dem Küster bezaubert. Negat und wäre sie so ehrlich, als wir, und könne nichts sagen. Nos: ob es denn etwa ihr Buhle nicht haben wolle? Illa: sie habe nichts böses gelernt; wenn ihre Base, die alte Hundertmärksche was gekonnt, dafür könne sie nichts. Der Meister läßt ihr die Hände rücklings schnüren. Nos: haltet ihr die articuli nochmals nach der Reihe vor. Inquisitin negat omnia und schläft darauf ein. Wie sie wieder aufwachet, sagt sie: hat

meine Bafe zaubern können, fo wäre keine Freundfchaft fo
gut, da flöge wohl ein Schelm aus; fie wiffe nichts böfes.
Repetirt zum öfteren, man folle bedenken, was ein
ehrlich Chriftenkind fei. **Nos:** fie wäre wohl kein
Chriftenkind, fondern hätte fich dem Teufel ergeben, folle
fagen, von wem fie das Zaubern gelernt. **Illa:** wiffe
nichts. Der Meifter bedreuet fie heftig, fie ferner und
fchärfer anzugreifen. **Illa:** man follte ihr fagen, was fie
bekennen follte, denn für ihre Perfon wiffe fie nichts. (Es
ift an Inquifitin nichts abzunehmen, daß fie von den Schnüren
und Schrauben einige Schmerzen empfinde). **Nos:** wie es
denn käme, daß fie fo füße vorhin eingefchlafen? **Illa:** ach,
wenn ein ehrlich Menfch fo gebunden, wie follte er daneben
nicht einfchlafen! Der Meifter frägt Inquifitin, wo und von
wem fie das Zaubern gelernt? **Illa:** er follte es ihr vorfagen, und repetirt folches zum öfteren. **Nos:** ob fie bei
des Oppermanns Kind nicht gewefen und deffen Hände
nicht in die ihren gefchloffen? **Illa negat.** Fragen fie auch
über die anderen Artikel. **Illa negat** und wäre Alles erlogen.
Der Meifter läßt fie fefter fchnüren. Inquifitin: ja, es
mag's thun, ich kann nichts böfes. Der Meifter: fie folle
die Wahrheit fagen. **Illa:** laßt mich los! Der Meifter:
willft du bekennen? **Illa affirmat.** Paulo post fie wiffe
nichts und könnte und könnte nichts fagen. **Nos:** ob der Satan
es nicht haben wollte, daß fie follte bekennen? **Illa:** man folle es
ihr nur vorfagen, was fie fagen follte, vom Teufel aber
wiffe fie nichts. Der Meifter läßt fie fefter fchnüren. Inquifitin: das Oppermanns Kind habe fie nicht bezaubert.
Inquifitin fchläft nochmals ein, **Nos ad Illam,** nachdem der
Scharfrichter fie wieder aufgeweckt: wie es komme, daß fie

so schlafe? Inquisitin: ei, schlafe ich denn? Ach, ihr Herren,
sagt mir doch, ihr seid viel mit Zauberischen umgegangen
—Nos: solle bekennen, von wem sie das Zaubern gelernt.
Illa: in Oppermanns Hause zur Straate da hätte sie beten
gelernt und scheinet, als wolle Inquisitin gerne bekennen,
könne aber doch nicht gelingen. Nos: ob sie Jeremias
Wielers nicht das Pferd bezaubert? negat. Ob sie Brinkmanns Mutter nicht das Uebel angethan? negat, in des
Oppermanns Haus sei sie spinnen gegangen und habe daselbst beten gelernt. Nos: warum sie nicht bekennen wollen,
daß sie des Oppermanns Kindes Hände in der ihren gehabt?
Illa: solches wäre auch nicht geschehen. Stellt sich an, als
wollte sie weinen und als weinete sie; es erfolget aber keine
einzige Thräne. Nos: sie hätte von neuem scheinbare Zeichen
einer Heze von sich gegeben, indem sie zu zweien Malen
eingeschlafen, auch sonst kein Zeichen einiger Pein von sich
gegeben. Inquisitin rufet darauf überlaut: ach meine Hand
und Arme! ach, ich bitte um Gotteswillen; man solle sie
loslassen, da sie doch zuvor davon nicht gesagt. Nos be-
dräuen, sie heftiger angreifen zu lassen. Illa: das möget
ihr thun, und sagt solches so stark, als wäre ihr nichts geschehen. Solvuntur vincula, weilen hier doch der Urthel
ein Genüge gethan."

Der Angeschuldigten ist die unter den Folterqualen be-
wiesene Standhaftigkeit zur Rettung geworden. Denn am
21. Oktober gab die Facultät zu Rinteln ihren letzten Spruch
dahin ab: obwohl gegen Inquisitin kein geringer Verdacht
der Zauberei vorhanden, nachdem aber durch die ausgestandene Cortur nach Verordnung der peinlichen Rechte und
einhelligen Schluß bewährter Rechtsgelehrter solche Ver-

muthung und Indicia sind abgelehnt, dafern keine neuen Indicia, welche zur anderweiten Tortur bestanden sein, sich ereignen sollten, so ist Inquisitin in Erwägung aller einlaufenden Umstände, bevoraus, weil das Schlafen in der Tortur nicht wenig verdächtig, des Landes ewig zu verweisen." Das Urtheil erhielt die landesherrliche Bestätigung und wurde alsbald in Ausführung gesetzt.

Acht Jahre lang trieb sich das heimathlose Weib in fremden Landen umher, da ließ die Sehnsucht nach Haus und Kind ihm nicht ferner Ruhe. Heimlich begiebt es sich nach seinem Herkunftsorte Stroit und findet bei seinem Bruder eine Zufluchtsstätte, wird aber entdeckt, verrathen, in das Gefängniß geworfen und des Bruchs der beschworenen Urphede angeklagt. Als von der fürstlichen Rathsstube das Urtheil ergeht, die Gefangene solle nach Artikel 107 und 108 der peinlichen Gerichtsordnung mit Abhauung der beiden Schwurfinger bestraft werden, da fühlen die Behörden zu Wickensen menschlich genug, um gegen die Vollziehung der grausamen Strafe Höchsten Orts eine Vorstellung zu wagen. Die Hundertmark, so berichtet der Amtmann nach Wolfenbüttel, sei, obwohl noch jung, doch im Carcer schwach geworden und gebe vor, daß sie nach so langen Jahren im Exilio sich nach ihren Kindern gesehnet und nicht vermeint gehabt, daß sie an der Wiederkehr so groß sündigen könne: er stelle anheim, Gnade für Recht ergehen zu lassen. Daraufhin wird von der Strafvollstreckung Abstand genommen und die Gefangene abermals über die Grenze gebracht. Von Brüdern und Verwandten verleugnet, schließt sie sich bald hernach durchmarschirenden Truppen des großen Kurfürsten von Brandenburg an und zieht mit ihnen an den Rhein: späterhin taucht sie im Hildesheimschen wieder auf und findet dort ein frühes Ende. Ihr Mann läßt sich, ehe er von ihr ordentlich ge- schieden, im Jahre 1676 von einem katholischen Prediger zu Escherde mit seiner Dienstmagd copuliren, wird als Bigamist denuncirt und festgenommen. Vergebens beruft er sich darauf, daß seine erste Frau des Teufelsbündnisses überführt und damit die Ehe als gelöst zu betrachten sei, das herzgl. Consistorium verwirft diese Begründung und annullirt die zweite Ehe. Nur durch die wiederholten dringenden Vor- stellungen, daß das Verbrechen der Bigamie eine betrügliche Ab- sicht voraussetze, daß er sich darüber, ob seine Frau noch am Leben, in entschuldbarem Irrthum befunden, er sich auch wegen Eingehung der neuen Ehe verschiedentlich an die Oberbehörde gewendet habe, indessen niemals mit einer Antwort begnadet sei, erlangt er Befreiung von der ordent- lichen Strafe der Bigamie und kommt neben der ausge- standenen, mehrmonatigen Untersuchungshaft mit vierzehn- tägigem ferneren Gefängniß bei Wasser und Brod, sowie angemessener Kirchenbuße davon. Die Akten schließen mit einer neuen Eingabe Stromeyers, worin er den Tod seiner ersten Ehefrau anzeigt und um nunmehrige Gestattung der Wiederverheirathung ersucht. Nach einer Marginalverfügung des Herzogs Rudolf August hat er Gewährung seiner Bitte erhalten.

IV.

Es wurde schon erwähnt, daß den Theorien des Hexen- hammers die abergläubische Richtung und die theologische Färbung des sechszehnten Jahrhunderts den Boden geebnet

hätten. Und in der That läßt nur aus dem Zusammen-
wirken dieser beiden Momente der ungeheure Aufschwung,
welchen die Herenverfolgungen bis über die Zeiten des
dreißigjährigen Krieges hinaus genommen haben, sowie die
gleichmäßige Verbreitung des Wahns über alle deutschen
Gaue und unter allen Klassen des Volkes sich ausreichend
erklären. Wenn der gemeine Mann, sobald ein außerge-
wöhnlicher Vorgang durch das Plötzliche und Ueberraschende
seines Auftretens das Gemüth heftig erregt und erschüttert hatte,
in naiver Befangenheit die Ursache gern auf übernatürliche
Mächte zurückführte und andererseits in unbewußter An-
lehnung an Ueberlieferungen der heidnischen Vorzeit wiederum im Uebernatürlichen Schutzmittel gegen zukünftiges Miß-
geschick suchte, so mußte eine Lehre, welche dem ganzen
Wuste des Aberglaubens einen tieferen Grund und einen
einheitlichen Ausgangspunkt unterlegte und in leicht faßlicher
Deutung ihn dem System der christlichen Glaubenssätze an-
bequemte, des tiefsten Eindrucks auf den großen Haufen
sich versichert halten. Mit Begier erfaßte die Masse des
Volkes die Verheißungen, welche von allen Kanzeln hernieder-
tönten. Indem es durch Aufspürung der Ketzer seine Recht-
gläubigkeit bescheinigte und sich den Dank der Kirche verdiente, meinte es in ehrlichem Eifer, durch Ausrottung der
Teufelsliebchen zugleich den irdischen Wohlstand am zuver-
lässigsten vor böswilligen Nachstellungen zu sichern. Es
würde verkehrt sein, wollte man den Denunciationen zumeist gehässige Angeberei, Rachsucht, Neid oder andere niedrige
Motive unterlegen.

Schlimmer war es freilich noch, daß bei der herrschenden Zeitrichtung auch in den gelehrten Ständen der Heren-

glaube sich unschwer Eingang verschaffen konnte. Denn nicht
allein, daß die Theologen den Teufelsglauben mit aller Emsig-
keit pflegten und die Jurisprudenz, damals noch ihr ge-
fügiges Werkzeug, durchweg im gleichen Fahrwasser schwamm:
durch das ganze Jahrhundert hindurch ging ein Zug zum
Mystischen, der in gewisser Weise selbst aus den Bestrebungen
der Humanisten seine Nahrung schöpfte. Die Wiederbelebung
der klassischen Studien hatte auch den Dämonenglauben des
Alterthums der Vergessenheit enthoben; ihn auf wissenschaft-
lichem Wege mit der Kirchenlehre vom Wesen und Wirken
des Teufels in Zusammenhang und Einklang zu bringen,
lieferte einen dankbaren Vorwurf für weitschichtige Arbeiten,
in denen die Autoren den ganzen Trödelkram ihrer Belesen-
heit absetzten. Man nehme nur eines der gangbareren
Werke jener Zeit über das Hexenwesen zur Hand und man
wird sich bekreuzigen vor der Rüstkammer gelehrter Citate
und Exempla, von Moses und den Pharaonen, Plato und
Aristoteles, Lucian und Plinius, Heiligen und Unheiligen
herab bis zu den jüngsten Kirchenvätern und den Scholastikern,
mittelst deren aller die Existenz und Machtfülle des teuflischen
Reiches über jeden Zweifel erhoben wird. Dazu kam, daß
die Naturwissenschaften noch in den ersten Anfängen steckten
und ihre hauptsächlichste Quelle aus magischen Spielereien
hernahmen, daß in Astrologie und Alchymie vornehme Lieb-
habereien erwuchsen, durch deren Hilfe man gleichfalls dem
geheimnißvollen Walten der Dämonen näher zu kommen
hoffte. Die Heilkunde, durch den abenteuerlichen Paracelsus
zu einigem Ansehen erhoben, trotzte mit dem Hochmuth einer
jugendlichen Wissenschaft auf die errungenen Erfolge und
schrieb, wo ihr die Mittel versagten, der Eifersucht und der

4*

Zaubermacht des Teufels zu, was man besser in der eigenen Ungeschicklichkeit hätte begründen sollen. Eine wunderliche Zeit, in der längst Erstorbenes unter veränderter Tendenz zu neuem Ansehen erstand, eine freiere Geistesrichtung sich durchkreuzte mit blindem Fanatismus und abergläubischer Verirrung, widerstreitende Niederschläge alter und neuer Cultur sich unvermittelt und ungeläutert in und durch einander mischten.

Mitten hinein in diese Gährniß fiel die Reformation. Es hat weder an Versuchen gefehlt, für das Unwesen der Hexenprocesse Martin Luther und sein Werk ausschließlich verantwortlich zu machen, noch an wohlgemeinten Bemühungen, die Vorkämpfer der evangelischen Lehre von jedem Makel zu reinigen. Die Wahrheit liegt in der Mitte.

Wenngleich Luther nicht von Kanzel und Katheder herab gegen die Hexen eiferte, so hat er sich doch ebenso wenig über seine Zeit erhoben. Wenn er die Fahrten auf den Blocksberg und die Verwandlungen in Thiergestalt anzweifelt, so bewegt ihn hierzu das Ansehen des Kanon Episcopi, *) doch meint auch er, daß die Zauberinnen Donner und Ungewitter machen, die Früchte verderben, Vieh und Menschen tödten, hingegen wiederum die Kinder von einer bösen Krankheit gesund machen können, die sie die „Elben" (guten Holden) heißen. **) Wie ein charakteristischer Zug der Lutherschen Auffassung darin liegt, daß der Teufel unter die Zucht des Herrn gestellt wird und nur auf dessen Rathschluß über die Menschenkinder Gewalt erlangt, so kommt auch

---

*) Erklärungen des 1. Gebotes, bei Walch, III, S. 1721 Nr. 56.
**) Ebendaselbst S. 1706 Nr. 19, 1714 und fg.

bisweilen, wenngleich noch durchaus nicht consequent, bei
ihm die Vorstellung zum Durchbruch, daß die vermeintlichen
Hexenkünste nur Blendwerke des Teufels seien. „Die Zauberei,
heißt es einmal in den Tischreden, Cap. **XXIV.** Nr. 38,
ist des Teufels eigen Werk, damit er den Leuten (wenn's
ihm Gott verhängt) nicht allein Schaden thut, sondern sie
auch ganz und gar erwürget und umbringet. Er ist ein
so listiger und geschwinder Geist, daß er alle menschlichen
Sinne betrügen und äffen kann. Und ist auch kein Wunder,
geschieht's doch natürlich, daß ein Ding durch ein gemalt
Glas anders scheint, denn es sonst an ihm selbst ist. Viel
leichtlicher kann er das zuwege bringen, daß Einer sich dünken
läßt, er sehe etwas, das er doch nicht sieht." Die Lehre
von den Incuben und Succuben findet unter Hinweis auf
die Gewährschaft des heiligen Augustinus volle Zustimmung.
„Denn der Teufel vermag gottlosen Menschen wohl ein Ge-
plärr vor die Augen zu machen, daß sie eine Jungfrau
vor sich zu sehen vermeinen, wenn der Teufel im Bette
ist." Wenn man aber sage, daß selbst Kinder aus solchem
Bunde hervorgehen könnten und wenn sogar der Kurfürst
von Sachsen erzählt habe, daß ein vornehm Geschlecht vom
Adel seinen Ursprung solcherweis herleite, so möge das nicht
gedacht werden; seien gestohlene Kinder, Wechselbälge, Kiel-
tröpfe, die der Böse den armen Menschlein unterlege, (Tischreden Cap. 24, Auslegung der Genesis 6, Vs. 1). Den
Juristen giebt Luther Schuld, daß sie zu viel Zeugnisse und
Beweisungen verlangen und die öffentlichen Beweisstücke
verachten. „Ich habe, so fährt er fort, dieser Tage einen
Ehehandel gehabt, da das Weib wollen den Mann mit Gift
umbringen, daß er Eidechsen hat von sich gebrochen, und

da man sie peinlich gefragt, hat sie nichts bekennen wollen,
denn solche Zauberinnen sind gar stumm und verachten die Pein: der Teufel läßt sie nicht reden.
Solche Thaten aber geben Zeugniß genug, daß man sie
billig sollte hart strafen, zum Exempel, damit Andere abge-
schreckt werden von solchem teuflischen Vornehmen." Sogar
des Reformators Mutter hat unter den Nachstellungen einer
Nachbarhexe arg zu leiden gehabt; dieselbige „schoß ihr die
Kinder, daß sie sich zu Tode schrieen."*) Am wenigsten
Barmherzigkeit will der Doctor mit den Hexen, welche die
Milch verzäubern, geübt wissen, sie gehören ins Feuer und
sollen brennen. Und als die Rede darauf kömmt, auf welche
Weise man der Bosheit Jener am besten wehren könne,
da empfiehlt Luther ein vielleicht praktisches, aber keineswegs sauberes Hausmittelchen seines Freundes Bugenhagen,
einen häßlichen Gewaltstreich, der noch in unseren Tagen
von unhöflichen Dieben, um der Entdeckung zu entgehen,
vielfach ins Werk gesetzt wird. „Da nämlich eine Zaubersche
den Kühen einmal die Milch benommen hatte, streifete
der **Dr.** Pommer seine Hosen ab, setzete einen Wächter in
eine Asch voll Milch und rührete es um und sagte: nu frett,
Düwel!" Seitdem ist ihm kein Schabernack mehr angethan,
denn der Teufel hat auch seinen Stolz und läßt sich eine

*) Schießen= anblasen. Uebrigens finden sich auch Beispiele,
wo der „Hexenschuß" nicht bildlich gemeint ist. Carpzov theilt einen
Thatbestand mit, laut dessen eine Hexe zauberische Geschosse aus
einem Weißdornbusch und drei gelben Stecknadeln angefertigt und
Anderen in des Teufels Namen vor die Hausthür geworfen hat
Carpzov practica nova rer. crim. I, qu. 50 Nr. 29.

so unwürdige Behandlung nicht gefallen. Tischr. Cap. 25, 51.*)

Diese gelegentlichen Aeußerungen, großentheils aus den späteren Lebensjahren Luthers herrührend, kennzeichnen deſſen Anſchauungsweiſe zur Genüge. Aber während er ſelbſt ſich von jedem agitatorischen Getriebe fern hielt, ſtimmten ſeine Nachfolger in die allgemeine Hetze ein, und wie in dem theologischen Gezänk, das die letzte Hälfte des Jahrhunderts erfüllte, die großen Ausgangspunkte der Reformatoren mehr und mehr zurücktraten und innerhalb der eigenen Partei der Dogmenstreit immer lebhafter entbrannte, so wich der geſunde Gedanke, ob nicht die vermeintlichen Zauberkräfte der Hexen nur in deren Einbildung beſtänden, ſelbſt unter den Evangelischen zeitweilig wieder der grobſinnlichen Auf-faſſung, wie ſie im Hexenhammer ausgeprägt iſt. Man begreift, daß das Verlaſſen jenes gewiſſermaßen rationaliſtischen Standpunktes den Hexenproceſſen aufs Neue Vorſchub leiſten und die Lebenskraft des Hexenwahns verjüngen mußte. Die erſten Anzeichen des Rückſchritts finden ſich noch vor dem Schluß des Jahrhunderts. Lambert Danäus**), eine der erſten Leuchten der Calviniſten, maß in einem Dialoge

---

*) Denſelben Grundgedanken, welcher übrigens in Luthers Auffaſſung des Teufels öfters hervortritt, machte ſich auch ein Paſtor Ulrici zu Hoyerhagen zu Nutze, als ihn in ſeiner Pfarre ein Polter-geist im Memoriren behelligte. Er beſchmiert den Stuhl, mit welchem das Geſpenſt Lärm zu ſchlagen pflegt, mit Unrath und ſtößt die ſchadenfrohe Drohung aus: „Tielecke, da ſollſt du die Finger an verbrennen". Worauf der Unhold ſich nicht wieder ſehen läßt. (16) Schlegell, Kirchen- und Reformationsgeſchichten von Norddeutſchland (1829) Bd. III, S. 644.
**) Daneau, geb. zu Orleans 1530, Prediger zu Genf, Leyden und Gent.

de veneficis dem Hexensabbath und der Teufelsbuhlschaft
volle Wirklichkeit bei und veranschaulichte seine Annahme
mittelst der Erklärung, daß der Satan, während er die Frau
durch die Luft entführe, dem Manne gemachte Larven an
die Seite lege. Andere, wie der württembergische Reformator
Johann Brenz, vermittelten und meinten, man müsse den
bösen Willen für die That ansehen, daher mindestens einen
vollendeten Versuch der unternommenen Missethaten einräumen.
Theologische wie naturwissenschaftliche Argumente wurden
für und wider die Möglichkeit der Zusammenkünfte auf dem
Blocksberge ins Feld geführt. Meigerius widmet dieser
Frage in seinem mehrerwähnten Buche ein besonderes Kapitel
(Buch I, Kap. 13). Er selbst enthält sich dabei zunächst freilich
des eigenen Urtheils, dieweilen die Sach kein articulus fidei
und bei den eingewurzelten praejudiciis beschwerlich, wie
auch, gefährlich in so unbekannter zweifelhafter Frage etwas
gewisses zu schließen; dagegen empfiehlt er der Obrigkeit
eines jeden Landes, zur Hebung des Zweifels die Hexenberge
von Zeit zu Zeit absuchen zu lassen, ob man nicht verdächtige
Fußspuren, niedergedrücktes Gras oder sonstige Anzeichen
der begangenen Lustbarkeiten wahrnehmen möge. Der
Rostocker Theologe Chyträus (bekannt durch seine Mitwirkung
an der Concordienformel), welcher Meigers Buch mit einem
warmen Vorwort versehen hat, lobt des Verfassers kluge
Zurückhaltung in einer so heiklen Streitfrage; daß Letzterer
indessen im Herzensgrunde der strengeren Meinung zuneigte,
läßt sich aus anderen beiläufigen Andeutungen desselben
(z. B. Buch II, Kap. 11) wohl ziemlich sicher abnehmen.

Nicht zum wenigsten hatte für diesen Schulstreit den
nächsten Anlaß eine Schrift geboten, die als die erste gründ-

liche und nachdrückliche Auflehnung der Wissenschaft gegen
den Wahnsinn der Zeit die höchste Beachtung verdient.
Es sind die sechs Bücher des protestantischen Arztes Johann
Weier (**Wierus** oder **Piscinarius**) **de praestigiis daemonum
et incantationibus de venefecis.***) Das sehr umfassend
angelegte Werk behandelt zunächst die Lehre von der Natur
und dem Ursprung des Teufels, seine betrüglichen Anschläge
und seine Gewalt, verbreitet sich alsdann über alle Arten
von Zauberei, unternimmt den Nachweis, daß die Besessenen
und Verzauberten („Veruntreueten") nicht durch Menschen-
werk, sondern durch unmittelbare Eingebung des Teufels
ihre Plage bekommen, erörtert die verstandesgemäßen Heilmittel gegen Krankheiten, deren Bezauberung zu Grunde
liegen soll, und bespricht die nachweislichen Uebelthätern
gebührende Strafe. Mit offenem Freimuth erklärt Weier
die Doctrin des Hexenhammers für ungereimte, läppische
und unterweilen gottlose Stemponeyen. Getrosten Herzens
sieht er den Widerwärtigkeiten entgegen, die ihm aus der
Rebellion gegen den Unfehlbarkeitsglauben der Theologen
erwachsen mögen. „Daß ich aber etlichen, so geistliche Personen
wollen genennet sein, ziemlich heiß zugeredet und den Pelz
ziemlich erwaschen hab', das hab ich in kein' Weg in dieses
Handels Zerlegung unterlassen können. Und derhalben, ist

---

*) Erschienen 1563 (zuerst nur Buch I—V), deutsche Ueber-
setzung von M. Fuglinus, 1587. Ueber eine in Zedlers Universal-
lexikon erwähnte, Baseler Edition von 1556 vergl. Hauber, Zauber-
bibliothek 13. Stück Nr. 104. Die Mittheilungen Soldans (II, S. 12)
über Weiers späteres Schicksal sind wohl nicht unbedingt zuverlässig.
Wenigstens stand Weier noch bei Kaiser Rudolf II. in hohem Ansehen,
und ist anderen Nachrichten zufolge zu Tecklenburg nicht im Exil,
sondern auf einer Reise gestorben.

es Sach, daß es sie wie gläublich verdreußt: im Namen
Gottes, so stehen sie von ihrem schändlichen Zauberwerk
ab; oder aber, wo nit, so mögen sie mich ob der Sach
mit Recht suchen: sie werden mich, ob Gott will, nicht ohn'
Antwort finden."

 Auch Weier ist noch in den landläufigen Vorstellungen
hinsichtlich der Persönlichkeit des Teufels und dessen listigen
Anschlägen gegen das Wohl der Irdischen befangen, aber
theils bestreitet er mit aller Entschiedenheit, daß den Hexen
die Zauberkünste, welche sie zu besitzen meinen, irgendwie
zustehen, theils führt er manches auf natürliche Ursachen
zurück, was der Bosheit des Teufels aufgehalst zu werden
pflegte. Hierbei kommen denn auch Weiers medicinische
Amtsgenossen recht schlecht weg. „Der ungeschickten Knöpfe,
so sich der Arznei unverschämt und betrüglich rühmen, einige
und allgemeine Zuflucht ist, wenn sie einer Krankheit Ursach
und noch viel minder, mit was Mitteln ihr zu begegnen
sei, nit wissen und deshalb aus ihrer Unwissenheit wie ein
Blinder von der Farbe ein Urtheil fällen müssen, daß sie dann
allernächsten, es sei der Mensch verzaubert oder veruntreuet,
vorwenden, wollen also mit diesem Deckmäntelchen ihr Un-
erfahrniß verstreichen und bedecken, nicht anders wie das
ungehobelt Geschwärm der Chirurgen oder Wundärzten
(ich hätte schier gesagt: der Kälberärzten) auch thun, welche
so sie **gangrenam, sphacelam, phagedanam** oder andere
zornige unheilsame Geschwür nit heilen können, Sancto
Quirino, Antonio und anderen Heiligen zuschreiben. Welche
doch Anfangs so bös nicht gewesen, sondern durch ihr Salben
und Schmieren erst so bös worden sind. . . . Wie auch die
ungeschickten Bengel fürgeben, die Heiligen sollen wieder

eines tollen Hunds Biß und die fallende Siechtag helfen können" (Buch **II**, Cap. 18, 19).

Das Hauptverdienst Weiers liegt darin, daß er die verschiedenen Erscheinungsformen der Zauberei in rationeller Weise von einander sichtet und damit Fingerzeige giebt, welche auf den richtigen Weg wohl hätten führen können. Er unterscheidet die **magi infames** oder Schwarzkünstler, die **veneficae** oder Giftköchinnen, die eigentlichen Hexen oder Unholden. Die Schwarzkünstler werfen wissentlich und willentlich mit Hülf' und Beistand der bösen Geister allerlei Verblendung und eitel vorschwebende Phantasien unseren Augen entgegen, führen durch ihr Wahrsagen und Versegnen ihren Nächsten hinters Licht und beflecken das edele Studium der Medicin mit ihrer teuflischen Betrügerei. Zu dieser Kategorie gehören die Wahrsager und Seher des klassischen Alterthums, die Priester Pharaos (Exodus Cap. 7, 8) die Hexen von Endor, Simon Magus, der Kaiser Maxentius, Roger Baco und der Doctor Faustus. Solche **magi infames** sind nicht gleich den Hexen des Teufels Spielball, sondern für die Dauer ihres Erdenlebens dessen Gebieter, indem sie durch seltsame Charakteres, Beschwörungen und ander Gaukel- werk ihn zwingen, daß er in einer angenommenen Gestalt sich sehen lasse und auf fürgelegte Fragstücke etwas außer- halb dem gemeinen Lauf der Natur zu Wege bringe. Die Schwarzkünstler sollen je nach Beschaffenheit des Falls an Leib und Leben gestraft werden, desgleichen die **veneficae**, deren Sach' dahin gerichtet ist, daß sie mit angebotenem, angestrichenem oder an End und Ort, da es mit dem Athem angezogen werden mag, hingelegtem Gift Menschen und Vieh härtiglichen beschädigen. Anders aber steht es mit der letzten Klasse, den eigentlichen Herenleuten. „Sie sind mehrentheils Weibsbilder, schwaches Geschirr, betagten Alters, ihrer Sinne auch nicht aller Dinge bei ihnen selber, in welcher elenden Vetteln als ganz bequemlicher Werkzeuge Phantasey und Einbildung, wenn sie mit einer Melancholey oder Traurigkeit beladen oder sonst etwa zaghaftig seien, der Teufel als ein ganz subtiler Geist sich hineinschleicht und verkreucht und bildet ihnen durch seine Verblendung und Täuscherei allerhand Unglück, Schaden und Verderben anderer Leut' so stark ein, daß sie nicht anders meinen, denn sie habens gethan, da sie doch gar nichts damit zu schaffen gehabt und der Sachen allerdings unschuldig seien. Solche Mütterlein, denen der Dachstuhl verrücket ist, soll man nicht Ketzerinnen nennen, denn nicht ein Irrthum oder Wahn im Gemüthe machet den Ketzer, sondern des Willens Hartnäckigkeit." Anstatt daher die armen Weiblein in die finsteren Herenthürme zu werfen und ihnen mit der Marter so unbarmherzig zuzusetzen, daß sie den grausamsten Tod der Erneuerung der Pein vorziehen, soll man ihnen Mitleid zuwenden und sie mittelst christlicher Unterweisung von ihrer Verblendung abzubringen suchen. „Denn was wollte doch ein getreuer Diener Jesu Christi besseres ausrichten mögen, dann wann er ein arm elendes Schäflein, so durch das Einblasen des leidigen Satans irr gegangen und von der Heerde verloren war, fleißiglich sucht und wiederum zum Schafstall Christi bringt." Und nun ergießt Weier die ganze Schale seines Ingrimms über die Anmaßungen der unwissenden Meßpfaffen und der „beschorenen Rotte." „Denn sie zum guten Theil so ungelehrte, dazu verruchte Buben sind, daß nit davon zu singen oder zu sagen ist. Welche leichtlich

dem gemeinen Mann, so er sie ob einer Krankheit Raths
fragt und ihrer Hülf' begehrt, sie komme vom Hexenwerk
oder Verzäubern, fälschlich lügen dürfen. Es können auch
diese feinen pythonischen Wahrsager mit ihrer Kunst die
Verzäuberinnen oder Hexen nennen, dadurch sie denn ofter-
mals, die teufelssüchtigen Pfaffen, einer unschuldigen, ehrlichen, gottesfürchtigen Matrone ein' solch Schlötterlein
anhenken, das weder ihnen, noch ihren Nachkommen der
Rhein zu ewigen Zeiten abwäscht. Denn sie vermeinen, der
Sach' sei nit gnug geschehen, wenn sie allein in Anzeige und
Entdeckung der Krankheiten Ursprung ein' Puppen schießen,
sondern sie müssen auch die Unschuldigen verleumden und
Verdacht machen, bei leichtgläubigen Leuten untödlichen Neid
und Haß anzünden, mit Zank und Hader ganze Nachbar-
schaften erfüllen, Freundschaften zertrennen, das Band der
Blutsverwandtschaften auflösen, zu Scharmutz und Streit Lärm
schlagen, Kerker und Gefängnisse zurüsten und aufs allerletzt
Todschlag und Blutvergießen auf mancherley Weise anstiften,
nit allein der unschuldig verdächtigten Weiber, sondern auch
derer, so sich ihrer mit einem Wörtlein annehmen und sie
zu vertheidigen unterwinden dürfen. Daß der Sach' aber
in Wahrheit also sey, darf ich (kein Blatt vor das Maul
genommen) bezeugen und wann ihnen schon der Kopf zu
tausend Stücken zerspringen sollte."

Wohl begreiflich, daß eine solche Sprache ungeheures
Aufsehen hervorrief, daß die Ueberzeugungstreue des furcht-
losen Mannes zu ernstem Nachdenken anregte. In Kurzem
erlebte das Buch eine stattliche Reihe von Auflagen, wurde
in das Französische übertragen, mit einer Nachschrift vor-
wiegend polemischen Inhalts versehen. In einzelnen Terri-

torien am Unterrhein, in der Pfalz geriethen die Hexenprocesse eine Zeitlang ins Stocken. Aber bald hatte sich die
Orthodoxie von der ersten Ueberraschung gesammelt und
beeiferte sich, in einer Fluth von Gegenschriften die Regungen
der gesunden Vernunft zu ersticken. Unter der Schaar der
Widersacher, in deren Reihen auch der englische König
Jakob I. mit einer wunderlichen Dämonologie anzutreffen
ist, waren die gefährlichsten der Franzose Jean Bodin (traité
de la démonomanie des sorciers, 1580) und der Spanier
Martin Delrio (disquisitiones magicae, 1599). Ihre
Schriften haben das Meiste dazu beigetragen, die Autorität
des Hexenhammers auch im deutschen Reiche wieder zu un-
bestrittener Geltung zu bringen. Jetzt erst, da den Stürmen
der Reformation eine jähe Abspannung gefolgt war, da
der junge Protestantismus unter dem Hader der Theologen
zu verdorren schien und die katholische Reaktion drohend
das Haupt erhob, jetzt erst erreichten die Hexenverfolgungen
ihren Höhepunkt. Wohl begegnet man schon damals bei
den Evangelischen einem verwunderten Nachsinnen, woher
es doch geschehen möge, daß die Anzahl und die Gefährlichkeit
der Hexenleute so plötzlich und so gewaltig zunehme. Aber
die nachdenklichen Gemüther beschwichtigte der Hinweis
darauf, daß das durch Doctor Martinus hell gewordene
Licht der Wahrheit den Teufel zum äußersten Grimm ge-
reizt habe und daß er um deßwillen all' seine Künste auf-
biete, um bethörte Christenseelen in den Rachen der Hölle
zu locken. In und außerhalb der deutschen Lande loderten
die Scheiterhaufen. Katholiken, Reformirte und Lutherische
rangen auch im Hexenbrennen um die Palme der Recht-
gläubigkeit. Freilich darf nicht verschwiegen werden, daß

die Katholiken, wenn sie die Gegner des Hexenglaubens namhaft machten, Luther und Melanchthon darunter aufzuführen selten vergaßen und daß, wie der epidemische Charakter der Hexenprocesse in katholischen Gebieten des südlicheren Deutschlands vielleicht am ehesten und zeitweise am stärksten zu Tage getreten ist, *) ebendaselbst das Uebel sich länger erhalten hat, als im protestantischen Norden.

V.

Eine Statistik der Hexenprocesse hat mit Schwierigkeiten zu kämpfen, welche zum Theil unüberwindlich sind. Von den Proceßakten haben sich nur die wenigsten bis auf unsere Tage erhalten und von diesen ist wiederum nur der geringere Theil ans Licht gezogen, dann aber vielfach in selten gewordenen Einzelschriften oder in lokalen Zeitungsblättern dermaßen zerstreut, daß selbst der Sammelfleiß eines gewissenhaften Forschers wie des verstorbenen Soldan das vorhandene Material nicht annähernd zusammenzutragen vermochte. **) Dazu kommt, daß das schriftliche Proceßverfahren eben nicht über die Karolina (1532) zurückreicht und die Kenntniß älterer Hexenverfolgungen aus gelegentlichen Notizen gleichzeitiger Chroniken oder aus den Ausgabeposten städtischer Rechnungsbücher geschöpft werden muß. Bei der Dürftigkeit und Kürze solcher Nachrichten lassen sich an die aufgezeichneten Einzelfälle weitere Vermuthungen und namentlich

---

*) Belege hierfür siehe bei v. Wächter a. a. A. S. 308.
**) Auch die neue Ausgabe des Werks durch Heppe berücksichtigt überwiegend nur mittel= und süddeutsche Quellen.

Verallgemeinerungen um so weniger anknüpfen, als in jedem
Territorium die Ausbreitung der Hexenprocesse ihren eigenen
Gang genommen hat und selbst innerhalb ein und desselben
Landesgebiets die zu Gunsten der Städte und Grundherren
zahlreich bestehenden Exemtionen von der landesherrlichen
Gerichtsbarkeit auf engem Raume die verschiedenartigste
Praxis ermöglichten. Und wenn ferner erwogen wird, wie
die Hexenverfolgungen wohl nirgends eine gleichmäßige, stetig
fortschreitende Entwickelung bis zu ihrem Gipfelpunkte aufweisen, wie die Bewegung vielmehr ruck- und stoßweise vor
sich gegangen sein wird, bald nachlassend, bald in verdop-
pelter Heftigkeit weitergreifend, durch manche äußere Zu-
fälligkeiten bedingt, so erhellt, daß alle Versuche, die Zahl
der Hingeopferten zu bestimmen, selbst bei ausgiebigeren
Quellenbelägen, als müssige Spielereien erscheinen würden.
Ein Rechenexempel aus dem Jahre 1784, demzufolge in
Europa insgesammt 9,442994 Menschen Zauberei halber
den Tod erlitten haben sollen, mag daher nur der Merk-
würdigkeit halber hier Erwähnung finden.

Immerhin wird man die in Deutschland gerichteten
Hexen nach Hunderttausenden zählen dürfen. Sei es, daß
die Verfolgung als Denkmantel eines religiös-politischen
Princips aufgegriffen, in katholischen Landen die Vernichtung
der Hexen gelegentlich als Mittel zur Ausrottung der über-
hand nehmenden Protestanten wirksam gebraucht wurde, sei
es, daß fromme Wuth oder gewinnsüchtige Absicht einzelne
Beamte (unter denen der lothringer Oberrichter Nikolaus
Remigius, der fuldaische Zentgraf Belzer Noß, der thüringer
Amtsschösser Benedikt Leo eine traurige Berühmtheit erlangt
haben) eine besondere Sendung darin erblicken ließ, das

Unkraut mit Stumpf und Stiel zu vertilgen, selbst im besten
Falle mußte gemäß den oben dargelegten Proceßmaximen
das unter Martern erpreßte Bekenntniß einer Angeklagten
ausreichen, um einen wahren Rattenkönig von neuen Untersuchungen nach sich zu ziehen, über Jung und Alt namen-
loses Elend heraufzubeschwören und ganze Ortschaften der
Verödung preiszugeben. So geschah es, um aus der Fülle
des Stoffs nur Einiges herauszugreifen, daß ein Hexenproceß
der bairischen Grafschaft Werdenfels (aus dem Jahr 1582)
mit der Verbrennung von achtundvierzig Personen abschloß,
daß in Lindheim innerhalb dreier Jahre (1661 bis 1664)
von 540 Einwohnern dreißig in Folge einer Untersuchung
dem Scheiterhaufen zum Opfer fielen, daß in Osnabrück in
einem Jahre (1589) 163, in dem kleinen ysenburgischen
Städtchen Büdingen im Laufe zweier Jahre (1633, 1634)
114 Hexen vom Leben zum Tode gerichtet sind. Im cal-
vinischen Genf erlitten binnen weniger Monate des Jahres
1545 von einer größeren Zahl Angeklagter vierunddreißig
Personen den Tod, weil sie die Pest in die Stadt gezaubert
hätten. Dem Urtheil waren die grausamsten Torturen vor-
angegangen, ein Rathsprotokoll ordnete an, die Angeschuldigten einzumauern und nur auf das Geständniß der Wahrheit zu befreien: antrement finiront leurs jours à tel
tourment! *)

Mit dem Ausgang des sechszehnten Jahrhunderts beginnen, meist unter thätiger Beihilfe der Jesuiten, in den

---

*) Kampschulte, Joh Calvin, seine Kirche und sein Staat in
Genf, S. 424 folg. (Auszugsweise mitgetheilt bei Heppe-Soldan I,
S. 499).

geistlichen Stiftern in Mitteldeutschland und am Rhein jene
Hexenverfolgungen großen Stils, welche bis in die Wirren
des dreißigjährigen Krieges hineindauern und die Schrecken
desselben fast noch überbieten. Wie damals zuerst im Erz-
bisthum Köln die Seuche um sich griff, davon entwirft in
einem neuerdings veröffentlichten Briefe ein Pfarrer der
Diöcese ein anschauliches Bild, das hauptsächlich Bonner
Vorgänge betrifft. „Es geht gewiß die halbe Stadt darauf.
Denn allhier sind schon **professores, candidati juris, pastores,
canonici** und **vicarii, religiosi** eingelegt und verbrannt.
Ihre Fürstl. Gnaden haben siebenzig **alumnos,** welches fol-
gends **pastores** werden sollten, eingelegt ... der Kanzler
sammt der Kanzlerin und des geheimen Secretarii Hausfrau
sind schon fort und gerichtet. Am Abend unserer lieben
Frauen ist eine Tochter allhier, so den Namen gehabt, daß
sie die schönste und züchtigste gewesen von der ganzen Stadt,
von neunzehn Jahren, hingerichtet, welche vom Bischofe
selbst von Kind an auferzogen ... Kinder von drei bis
vier Jahren haben ihren Buhlen... **Summa,** es ist ein solcher
Jammer, daß man nicht weiß, mit was für Leuten man
conversiren und umgehen soll.'' *) Aehnlich in Trier, in
Fulda, in Bamberg, wo Kaiser Ferdinand II. mehrmals
gegen die Willkür und die Erpressungen des Bischofs Johann
Georg einzuschreiten sich veranlaßt sah, am ärgsten vielleicht
im Stift Würzburg. Dort soll der Bischof Philipp Adolf
von Ehrenberg während einer achtjährigen Regierung (1623
—1631) mehr als 900 Hexen und Unholde den Flammen
übergeben und nicht eher innegehalten haben, als bis Einige

---

*) W. von Waldbrühl, Naturforschung und Hexenglaube (in
Virchow' und v. Holtzendorff's wissenschaftlichen Vorträgen).

auf der Folter ihn selbst als Mitschuldigen angegeben hatten.
Daß jene Zahl nicht übertrieben sein wird, bestätigt ein
im Bruchstück enthaltenes Verzeichniß der Hexenleut', so zu
Würzburg mit dem Schwert gerichtet und nachher verbrannt
sind. Es umfaßt einen Zeitabschnitt von kaum zwei Jahren
und zählt allein aus der Stadt Würzburg neunundzwanzig
Brände auf, denen 159 Personen erlagen, darunter Jung
und Alt, Vornehm und Gering, vom Rathsherrn und dem
„dicksten Bürger der Stadt" hernieder bis zu einem blinden
Mägdelein und der Harfnerin, die sich selbst erhenkte."

Die bamberger und würzburger Processe sind es vornämlich, aus denen Friedrich von Spee Anlaß und Stoff
zu seiner berühmten cautio criminalis entnommen hat.
Der Verfasser legt darin alle die Erfahrungen nieder, welche
er als Delegirter des Jesuiten-Ordens seit dem Jahre 1627
zu Würzburg aus eigener Anschauung zu sammeln Gelegenheit gefunden hatte. Da die Herausgabe eines Schrift-
werkes ohne vorangegangener Approbation der zuständigen
Oberen von der Ordensregel der Jesuiten als eine Tod-
sünde gebrandmarkt wird, die Tendenz des Buches aber
alle Aussicht auf Genehmhaltung abschnitt, so sah Spee sich
gezwungen, dasselbe anonym in Druck zu geben. Die
denkwürdige Streitschrift ist im Jahr 1631 in einer protestantischen Officin in Rinteln erschienen und erst lange nach
des Verfassers Tode hat man durch Leibnitz erfahren, wer
unter dem auctor incertus Theologus orthodoxus des
Titelblattes verborgen gewesen sei. *)

*) Wenigstens ist die fragliche Thatsache durch Leibnitz (Theodicee)
in die Oeffentlichkeit gedrungen, die Autorschaft Spees war zwar
bereits früher entdeckt, aber in weiteren Kreisen nicht bekannt geworden (Hauber, Zauberbibl. III, Nr. 22).

Die cautio criminalis nimmt nach einigen mehr oder weniger schüchternen Versuchen vereinzelter Vorläufer (darunter hauptsächlich Gödelmann und Tanner zu nennen) in hervorragender Weise den Kampf wieder auf, den einst Johann Weier eröffnet hatte. Aber sowohl der Ausgangspunkt des neuen Angreifers, als auch folgeweise die Methode des Angriffs bieten wesentliche Verschiedenheiten von der Art des großen Vergängers. Weier bekämpft mehr das Princip, Spee die Mißbräuche der Praxis. Jener ist unbefangener, freier; erhaben über den Köhlerglauben seiner Zeit sucht er vor Allem die gesunde Vernunft wieder zu Ehren zu bringen. Spee ist in der gängigen Anschauung weit mehr noch bestrickt, allein die in der Beichte ihm anvertrauten Bekenntnisse der verurtheilten Hexen haben ihn zu der Ueberzeugung geführt, daß die meisten unschuldig in den Tod gehen und das Mitgefühl hat ihn in den Kampf getrieben. Er führt denselben mit hinreißender Beredtsamkeit, wuchtigem Nachdruck, vernichtender Kritik. Die zahlreichen Gebrechen des Proceßverfahrens werden schonungslos aufgedeckt, die Greuel der Tortur als die eigentliche Ursache hingestellt, weßwegen man so viele Hexen finde. „Die stärksten Männer," schreibt Spee, „die harter Verbrechen halber auf der Marter gelegen hatten, haben mir heilig versichert, es gebe keine Schandthat, die sie nicht willig eingestehen würden, wenn sie durch das Bekenntniß von der Pein sich retten könnten, ja lieber wollten sie festen Fußes den zehnfachen Tod erleiden, ehe sie sich wieder auf die Folter zurückbringen ließen . . . Warum sucht man darum so emsig nach Hexen? Gehet hin und greift Euch die Kapuziner, Jesuiten, alle Ordensbrüder, spannt sie auf die Folter und sie werden gestehen: wenn

sie leugnen, so wiederholt die Pein ein paar Mal, und sie
werden gestehen: bleiben sie noch verstockt, so excommunicirt
sie und macht Euch an die Beschwörung des Teufels: verhärtet er Jene, so setzt Euer Werk nur fort und sie werden
endlich die Waffen strecken ... Wollt Ihr aber mehr, so
will ich Euch selbst und so möget Ihr mich auf der Marter
recken, und ich bin gewiß, Ihr werdet gestehen und so werden wir Alle als Hexenmeister erfunden werden!"

Im Lärm des großen Krieges verhallte der Mahnruf
ungehört. Kaum, daß hie und da Stimmen laut wurden,
welche die Tortur auf ein geringeres Maß zurückgeführt,
ihre Zulässigkeit durch bündige Regeln geordnet wünschten,
daß der mainzer Kurfürst Johann Philipp von Schönborn,
mit Spee persönlich befreundet, in seinem Sprengel dem
Hexenbrennen Einhalt gebot. Theologen und Juristen
folgten unentwegt den gewohnten Geleisen. Wenige Jahre
nach dem Erscheinen der cautio criminalis schrieb der leipziger Rechtslehrer Benedikt Carpzov seine practica nova
rerum criminalium (1635), eine Darstellung des geltenden
Criminalrechts, welche durch die eingehenden Erörterungen
wissenschaftlicher Art und nicht minder wegen der zahlreich
eingestreuten Entscheidungen des leipziger Spruchcollegs in
allen deutschen Territorien sich eines hohen Ansehens erfreut
hat. Ihre Ausführungen über das Verbrechen der Zauberei
und das Verfahren in Hexensachen (pars I quaest. 48—50)
fußen voll und ganz auf dem Boden der orthodoxen Meinung
und streben umsonst, die seit einem Jahrhundert üblich gewordenen Ausschreitungen der Praxis mit dem Scheine eines
Rechts zu umkleiden. Durch Bezugnahme auf römisches
Recht, auf die Kanonisten und den Sachsenspiegel soll die

Anwendbarkeit der Todesstrafe auch für die minder schweren
Fälle des Verbrechens begründet werden; mit sophistischer
Spitzfindigkeit ist sogar das Wagniß unternommen, sie mit
der in klarem Wortlaut widerstreitenden Vorschrift der Karolina
in Einklang zu bringen. Nirgends vorher und nachher
findet sich die Theorie vom crimen exceptum et occultum,
von der Zulänglichkeit des Vermuthungsbeweises, der Gestattung der Folter auf die unzureichendsten Indizien hin
so consequent und systematisch entwickelt. Weiers Irrlehren
werden bald ausführlich bekämpft, bald mit vornehmer
Geringschätzung bei Seite geworfen. Spees cautio criminalis
ist nirgends erwähnt, vielleicht dem Verfasser noch unbekannt
geblieben. Carpzovs Gewährmänner sind vornämlich Delrio
und Bodin. Wo sie nicht ausreichen, greift der strenge
Lutheraner frischweg auf den Hexenhammer zurück und
versucht, die gelegentlichen Verschiedenheiten zwischen den
Satzungen der Inquisitoren und den persönlichen Anschauungen
der Reformatoren im gütlichen Wege des Vergleichs bei-
zulegen. So hat denn auch jener Zweifel Luthers, ob der
Teufel die Hexen wirklich auf den Blocksberg entführe oder
den bethörten Weiblein eitel Blendwerk vormache, eine ver-
söhnende Lösung in der glücklichen Annahme gefunden, daß
je nach der Laune des bösen Feindes oder seiner Werkzeuge
das Eine oder das Andere der Fall sein könne.*)

_____

*) Pract. nova p. I qu. 48 nr. 58, 59: ‚Si enim casu aliquo
nollent corporaliter transferri et tamen scire gestirent, quaecunque
a consodalibus agerentur, tunc talem ab iis servari modum, ut in
nomine omnium Diabolorum ad latus sinistrum se reponant cubitum
quo facto vaporem quendam glaucum ex earum ore procedere unde
singula, quae ibi agerentur, profunde considerarent (Mall. malef. II.
cap. 3 qu. 1).

Carpzovs Ansehn hat die Rechtsprechung der deutschen Gerichte auf Jahrzehnte hinaus beherrscht. Als er im Jahre 1666 starb, schien der Glaube sowohl an die Hexerei, als auch an die Nothwendigkeit einer unnachsichtigen Vertilgung der Unholde bei den gebildeten Ständen, wie bei der Masse des Volks fester begründet, denn je. Eine allgemeine Panik hatte die Gemüther ergriffen. Die abergläubische Furcht rief bei hysterisch-veranlagten Naturen die seltsamsten Erscheinungen hervor, ekstatische Zustände, krankhafte Wahnvorstellungen, vom Teufel besessen zu sein, psychische Erregungen, die bisweilen selbst einen epidemischen Charakter annahmen, alsdann nicht selten Zusammenrottungen und Ruhestörungen veranlaßten und ein nachdrückliches Einschreiten der Obrigkeit zur Folge hatten. Oft genug freilich war dreister Betrug dabei im Spiele, wie es denn zuletzt nicht ausgeblieben ist, daß die Speculation sich des Aberglaubens bemächtigte und ihren Vortheil daraus zog. So erzählt Balthasar Bekker in seiner betoverden Wereld (Buch IV, Hauptstück 10) eine erbauliche Geschichte von einem behexten Jungen, der seiner heftigen Schmerzen und seltsamen Krankheitserscheinungen wegen in der holländischen Stadt Kampen allgemeines Mitleiden erregte und einen wohlweisen Magistrat Monate hindurch in unerhörter Weise an der Nase herumführte. Allerdings hatte das alte Kräuterweib, welchem der Arme seine Leiden zuschrieb, ihn mit absonderlichen Qualen geschlagen. Als ein Prediger ihm die Stelle des stärksten Schmerzes betastete, meinte er deutlich zu fühlen, daß dem Jungen ein Katzenkopf im Leibe sitze. Wenn er Wasser ließ, gingen Nägel und Nadeln jeglicher Größe von ihm. Er vomirte Topfscherben, Flachs, künstlich geflochtene Haarzöpfe und brachte auf demselben ungewöhnlichen Wege sogar einmal ein nachgesehenes lateinisches Exerzitium ans Tages-licht. Ungeachtet enger Clausur und steter Beaufsichtigung durch die Rathsdiener war eine Linderung des Uebels erst gar nicht zu spüren, bis der Patient zuletzt seinen Vorrath von sich gethan hatte und keinen geeigneten Stoff weiter in die Hände bekommen konnte. Nunmehr gestand er die Täuschung und daß er sie darum begangen, damit „Jeder-mann gegen ihn zum Mitleiden bewegt werde und er viel niedliche Speisen empfinge und also täglich nach der Werk-statt zu gehen entübriget werde." Der Missethäter bekräftigte alsdann sein Bekenntniß durch eine öffentliche Veranschaulichung seiner Taschenspielerkünste und ist schließlich seiner Jugend wegen freigelassen, nachdem ihn der Vater auf des Magistrats Verordnung tapfer gegeißelt hatte.

VI.

Soweit die erhaltenen Beweisstücke entnehmen lassen, hat das braunschweigische Land an den Hexenverfolgungen seinen vollen Antheil gehabt. *)

Die ältesten Nachrichten entstammen dem Verfestungs-buche der Neustadt Braunschweig. Ihnen zufolge ist dort bereits im Jahr 1475 Jutte Schomakers, genannt die Her-desche, der Zauberei angeklagt und überführt, aber nicht

---

*) Ueber Hexenprocesse in den hannöverschen Gebieten vergl. außer einigen zerstreuten Nachrichten in Havemanns Landesgeschichte, Lokalblättern, dem vaterländischen Archiv und dem Archiv für Nieder-sachsen, namentlich die ausgiebigen Mittheilungen in Schlegel's Kirchen- und Reformationsgeschichte von Norddeutschland (1829) Bd. I, S. 348. f. Bd. II, S. 98, 368, 421. III, S. 644 u. Beilage 8.

an Leib und Leben bestraft, sondern auf geleistete Urphede der Stadt verwiesen. Dagegen wurde im Jahr 1501 Gesele Albrechts, weil sie den Kühen die Milch verzaubert, mit dem Schwert gerichtet und hernach verbrannt. Weitere Einzelfälle gehen bis auf das Jahr 1525 herab, worauf eine fast vierzigjährige Pause beginnt, für welche alle Belege fehlen. Aus städtischen Chroniken ersieht man, daß namentlich in Göttingen um 1561 die Processe in ausgedehntem Maße wütheten und „fast kein altes Weib vor der peinlichen Frage und dem Scheiterhaufen sicher war", daß Heinrich der Jüngere 1565 vor Salzgitter und bei Lichtenberg eine Anzahl Hexen brennen ließ, daß in Goslar 1578 umfängliche Untersuchungen im Gange waren. „Bekannt ist, daß, um die Scheidung von seiner Gemahlin Sidonie von Sachsen zu erzwingen, Herzog Erich der Jüngere zu einer Anklage auf Zauberei Zuflucht nahm." Allmählich mehrten sich auch auf dem platten Lande die Verfolgungen. Doch scheint, so lange das milde Regiment des Herzogs Julius währte (1568 - 1589) die Bewegung nicht übermäßig um sich gegriffen zu haben. Der fürstliche Leibarzt Dr. Johann Bokelius (zugleich Professor an der neugegründeten Universität Helmstedt) legt in einer Leichenpredigt auf seinen heimgegangenen Herrn ein ehrendes Zeugniß ab von den Bedenken des menschenfreundlichen Fürsten hinsichtlich der Rechtmäßigkeit des strengen Verfahrens und der Strafbarkeit der mißleiteten Weiber. „Ac hominum melancholicorum, anicularum et vetularum miseram conditionem miserabatur vicemque eorum vere dolebat, nec fieri posse existimabat, tanta ac tam dira scelera miseras ac impotentissimas, quantumvis conarentur, committere et exequi. Rationi enim non esse consentaneum et

quidem pugnare principiis Physicis et Medicis, effectum
aliquem in objectum a causa non praesente fieri posse. . .
Mitius igitur et circumspectius cum his agendum duxit
aliqua via rem aggrediendam esse, ne malum malo cu-
mulemus cet." Unverkennbar leuchtet aus diesen Worten
der Einfluß Weiers hervor, dessen oben skizzirte Polemik von
dem gleichen Grundgedanken getragen war. —

In die Regierungsjahre des Herzogs Julius hinein fällt
der langwierige Proceß gegen die betrüglichen Laboranten,
Philipp Sömmering (Therocyklus) und Genossen, zu Wolfenbüttel (1573 — 1575). Das Gesindel, z. Th. Grumbachscher
Anhang und mit der Reichsacht belegt, hatte das Vertrauen
und die Arglosigkeit seines Schutzherren Jahre hindurch
auf's Aergste gemißbraucht, dem Lande erkleckliches Geld
gekostet, den Herzog in allerlei ärgerliche Händel, in Zwistig-
keiten mit der Reichsstadt Nürnberg und der aufsässigen
„Erb- und Landstadt" Braunschweig, in Mißhelligkeiten
mit dem dänischen Könige, in ein ernstes Zerwürfniß mit
dem Kurfürsten August von Sachsen verwickelt. Aber mit
dem Hexenwesen ist dieser Proceß, dessen Akten einen in-
teressanten Einblick in die Rechts- und Sittengeschichte jener
Zeit, wie in das Leben und Treiben an den kleineren
Fürstenhöfen gewähren, mit Unrecht in Verbindung gesetzt.
Die Seele des Bundes, Frau Anne Marie Schumpach, geb.
Zieglerin, im Volksmunde noch jetzt als Schlüter-Liese bekannt, ein heruntergekommenes und verdorbenes sächsisches
Edelfräulein, hat den am 7. Februar 1575 vor dem Mühlenthor zu Wolfenbüttel ihr auf den Spruch der Brandenburger
und Magdeburger Schöffen zu Theil gewordenen Feuertod
ihrer durchaus reellen Schandthaten halber (Giftmord

Mordversuch, landesverrätherische Umtriebe, Betrug und Fälschung, Injurien gegen das fürstliche Haus, Ehebruch) mit Fug und Recht erlitten, des Teufelsbundes und der Teufelsbuhlschaft sich aber nicht verdächtig gemacht. Nur insofern spielt in ihrem Sündenregister neben jenen Straf·thaten auch der Aberglaube eine, gewisse Rolle, als sie ver·geblich versuchte, nicht allein durch Musterleistungen ihrer Kochkunst (Spieskuchen und Krammetsvögel) die Nachsicht des Fürsten gegen das wüste Treiben der sauberen Gesellschaft zu verlängern, sondern auch durch widerliche Zaubertränke der Liebe des Herzogs theilhaftig zu werden.

Gegen die Menschlichkeit des Herzogs Julius bildet der erbarmungslose Verfolgungseifer seines Sohnes und Nachfolgers einen unerfreulichen Gegensatz. Die Zeitge·nossen rühmen an Heinrich Julius (1589 – 1613) nach, daß er „Hexen und Zauberer dem Worte Gottes gemäß recht strenge bestraft habe" (Steinmetz, Leichenpredigt). Eine Constitution vom 6. Januar 1593 schärfte den Predigern nachdrücklich ein, daß sie mit Abgötterei und Zauberei nicht durch die Finger sehen, auch nicht willkürlich mit Kirchenbuße strafen sollten. Fast scheint es, als ob den geistlichen Herren gegen·über es einer solchen Mahnung kaum noch bedurft habe. In Kurzem waren an allen Enden die Processe im Gange *). Möglich, daß Manches, wie auch das gleichzeitige, rücksichts·lose Vorgehen gegen die Juden, weniger auf die persönliche Rechnung des Herzogs, als seines Kanzlers Jagemann zu setzen ist. Während an den Hexen aus dem Halberstädtischen

---

*) Auszüge aus westerburger Processen dieser Zeit (1597), in denen der Amtmann Peregrinus Hünerkopf zu Rohrsheim als eifriger Hexenrichter hervorleuchtet, s. im braunschw. Magazin 1845 Nr. 5.

das Urtheil zu Gröningen vollzogen zu werden pflegte, brachte man die Maleficanten aus den braunschweigischen, göttingenschen und kalenbergischen Gebieten in Wolfenbüttel zusammen, wo bald nach dem Regierungsantritt des Herzogs, um Fasten 1590 eine große Anzahl von Hexenmeistern und Zauberinnen verbrannt wurde. Die allbekannte Mittheilung der Rehtmeyerschen Chronik, daß die Richtstätte am Lecheln-holze, da wo noch jetzt eine Ackerbreite den Namen des Galgenberges trägt, von den vielen Brandpfählen einem kleinen Walde gleich gesehen habe, rührt aus einer älteren Handschrift her und wird kaum auf Uebertreibung beruhen. Denn der Ruf des Herzogs als unnachsichtigen Verfolgers der Teufelsliebchen reichte in die Nachbarlande hinein. So erscheint in Akten des Wernigeröder Archives Heinrich Julius geradezu als ein Popanz, mit dessen Namen man die An-geklagten schreckt, wo die gewöhnlichen Mittel nicht mehr verfangen wollen. Als im Jahr 1603 ein Einwohner zu Wernigerode der Zauberei beschuldigt wird, bekennt er, daß er bei seiner Gefangennahme gesagt, er wolle nicht gern, daß er nach Wolfenbüttel kommen möchte, sintemalen der Herzog vielen armen Leuten zu wehe thäte. Und einer Zauber'schen, Emerentia Kreismer drohte man nach fruchtlos ausgefallener Tortur, man werde sie nach Wolfenbüttel schicken, zu dem Herzoge von Braunschweig, dann sollte sie wol bekennen (1611). *)

Proceßakten aus jenen Zeiten haben sich äußerst spärlich erhalten und bestehen aus wenigen Blättern, welche meist nur die Urgichten wiedergeben. Auch aus dem sieben-

---

*) Vgl. Jacobs, in Zeitschrift des Harzvereins Bd. 3, (1870) S. 807.

zehnten Jahrhundert ist die Ausbeute nicht sehr erheblich, das Meiste auf den Aemtern und in den städtischen Schreibereien nach und nach verloren gegangen, Manches erst in unseren Tage verschwunden oder vernichtet. *) Und während die späteren churhannoverschen Lande für die Berichte und Protokolle der Kirchenoberen über die Inspectionen ihrer Sprengel eine schätzenswerthe Quelle für Kenntniß der Sitten, des Aberglaubens, des Hexenwesens abgeben, so versagt letztere für die braunschweigischen Gebietstheile so gut, wie gänzlich.

Ein Proceß gegen Gese Fricken aus Frellstedt (1578), **) welche die städtische Registratur zu Helmstedt aufbewahrte, hat neben den bekannten Zügen das Eigenthümliche, daß der Schauplatz der Hexenzusammenkünfte mit dem Brocken zugleich auch der Rammelsberg, und die Hauptzeit derselben nicht die Walpurgisnacht, sondern, wie in Süddeutschland häufig, die Johannisnacht bildet. In die Untersuchung wurde eine Anzahl anderer Personen verflochten. Einer derselben, ein Knecht Johann Evers aus Jerxheim, hat mit einer Teufelinne zu thun gehabt, einer feinen Jungfrau in aschenfarbenem Kleide mit Sammt und aufgesteckten Aermeln, aber weder Fleisch noch Blut, die als ein fliegender Geist

---

*) So befanden sich noch vor wenigen Jahrzehnten in der amtsgerichtlichen Registratur zu Schöningen achtzehn, z. Th. vollständige Hexenprocesse, die vom Jahr 1591—1699 hinabreichten. Vier derselben schlossen mit Vollstreckung der Todesstrafe, (Katharina Winkelmann 1610, Hans Gronau 1618, Mette Buschmann 1644 und Gese Geffers 1656). Das hochnothpeinliche Halsgericht ist vor dem Rathskeller zu Schöningen gehalten und die Angeklagten sind dort auf dem Thie verbrannt.

**) Nebst einigen anderen, welche indeß lediglich die typischen Formen wieder geben, von anderer Seite veröffentlicht im Beiblatt der Magdeburger Zeitung 1881, von Nr. 16 an.

oder Wind zu ihm gekommen ist. Gese Fricken, die mit dem Teufel gebuhlt, von ihm Geld, Gut, Wurst und Speck empfangen, seine Besuche noch im Gefängniß entgegengenommen, nebenbei aber auch ihren Eheliebsten mit „Glue auf dem Kohl" zu vergiften versucht hatte, wurde von den Herren des Raths zum Feuertode verurtheilt und allem Anschein nach mitsammt ihren Mitbeschuldigten verbrannt.

Eine andere Helmstedter Akte aus weit späterer Zeit (1665) betrifft den Versuch eines trübsinnigen Barbiergesellen Erich Brödermann aus Hamburg, durch einen Pakt mit dem Teufel sich irdisches Wohlleben und Genuß zu erkaufen — ein Fall, der aus dem Gebiete des eigentlichen Hexenwesens in das der Schwarzkünstler (Weier: **Magi infames**) hinübergreift. Der Zettel, vermöge dessen Brödermann mit seinem Blute dem Leibhaftigen sich verschrieb, befindet sich noch in den Akten. Die vergilbten Schriftzüge lauten: „Du stracker Plutonis, komm doch zur Stunde und diene mir dreißig Jahr, als denn so will ich Dein sein mit Leib und Seel. Du sollst mir geben treffliche Schönheit, daß Alle, die ich begehrlich bin, müssen mich lieben, und Geld und Gut alle Zeit genug habe, in keiner Kunst mir Einer kann gleich sein, schöne Kleider alle Zeit habe und viel Geld, immer muß ich 200 Dukaten haben, glückliche Reisen, Pferde und Streu halten kann, daß ich glücklich und mit viel Geld nach Hause komme, daß ich Alles haben kann, das ich wünsche und begehre. Willst Du mir darin dienen, so verschreibe ich Himmel und Alles, das darin ist, und will bei Dir bleiben und wenn die Zeit umb ist, so will ich Dein sein mit Leib und Seel. Komme Du bald und solches geschehe, Helmstedt, 29. Juli a. 1665. Gerhard Erich

Brödermann, Barbier Geselle." Obgleich der Teufel vormals vielfach in und über der Werkstätte „turnirt" hat, so
will er auf wiederholte Beschwörung sich doch nicht zeigen.
Vergeblich ruft Brödermann im Harbker Holze nach ihm.
Mißmuthig wirft er zuletzt die Verschreibung ins Secret,
aber eine Laune des Zufalls bringt sie wieder ans Licht.
Eine langwierige Untersuchung beginnt, des Angeklagten
Zurechnungsfähigkeit wird in Frage gestellt, über seinen Geisteszustand zunächst von der medicinischen Facultät zu Helmstedt,
dann von Jena ein Gutachten eingeholt. Ein vom Professor
Georg Adam Struve zu Jena abgegebener Rechtsspruch geht
dahin, daß Inquisit „in Erwägung, daß er die Handschrift
noch nicht von sich gestellt und pactum expressum noch
nicht vollzogen, auch in etwas mit traurigen Gedanken beladen gewesen, mit ordentlicher Straf derjenigen, so mit
dem Teufel Verbündniß gemacht, nicht belegt werde, dennoch
aber, ob er wol in Vergessenheit seines Christenglaubens
mit dem Teufel ein Verbündniß aufzurichten sich unterstanden,
an Gottes Allmacht verzweifelt und nicht eingedenk, daß
unser Herr Christus seine Seele des heiligen Kreuzes mit seinem
theuren Blute errettet, mit willkürlicher scharfer Strafe zu belegen sei." Der Teufelsbanner ist alsdann des Landes verwiesen.

Das städtische Archiv zu Braunschweig besitzt zwar
keine Prozeßakten über Zauberei, allein im Verfestungsbuche,
den Gerichts- und Blutbüchern und den städtischen Rech-
nungen finden sich immerhin Fingerzeige genug für die
Annahme, daß die Stadt im Hexenbrennen hinter ihrer Zeit
nicht zurückstand. Aus den Kämmerei-Rechnungen geht
hervor, daß man Tempel-Annele, die im Jahr 1663 mit dem
Schwert gerichtet wurde, nicht als das letzte Opfer des Aber-

glaubens anzusehen hat. *) Eher möchte die aus dem Jahr
1698 nachweisliche Verbrennung der Katharina Sommer-
meyer aus Beyerstedt, eines jungen Mädchens von zwanzig
Jahren, den Abschluß der Hexenprocesse für die Stadt Braunschweig bezeichnen dürfen.

Wir sind mithin der Hauptsache nach auf das Herzogl.
Landeshauptarchiv zu Wolfenbüttel angewiesen. Aber selbst
hier bleibt die Fülle des Stoffes hinter der Erwartung zurück. Nur etwa ein Dutzend Nummern ist insoweit voll-
ständig, daß der Ausgang der Sache ersichtlich wird. Lücken
von mehrerer oder minderer Erheblichkeit haben fast alle
Akten aufzuweisen. Letztere beginnen mit einem Falle,
der im Jahr 1570 vor dem adeligen Gericht der Herren
von Alvensleben zu Erxleben eingeleitet wurde (ebenfalls
nur im Bruchstück erhalten) und schließen mit dem Jahre
1682 ab. Die gewöhnlichen Anklagepunkte bilden: Vergiftung von Menschen und Vieh, Zuweisung und Austreibung
der guten Hollen (Düwelsdinger), abergläubisches Versegnen
(vielfach durch Aufhängen der Fußtapfen des Verhexten in
den Schornstein), gelegentlich (Bündheim 1678) auch Mäuse-
machen. Als Hexenberge treten neben dem Brocken hervor
der Köterberg, der Elias zwischen Wickensen und Vorwohle, der Böningsberg bei Loccum, der Huy bei Halber-
stadt. Das Treiben bei den dortigen Zusammenkünften hat
nichts Besonderes; es wird Einbecker oder Goslarsches Bier
getrunken, Trommler und Sackpfeifer spielen zum Tanz

---

*) So noch neuerdings Görges, Denkwürdigkeiten der Lande
Braunschweig und Hannover (neue Aufl. 1880) I, S. 86, wo auch
der Proceß beschrieben ist.

auf. Des Wärwolfs geschieht nur ausnahmsweise Erwähnung. *)

Der Gang des Verfahrens ist bereits oben (S. 80) dar-
gestellt. Er entspricht dem gemeinrechtlichen Inquisitions-
proceß, wie ihn neben dem Verfahren auf Anklage die
peinliche Gerichtsordnung Karls V. in subsidium zuließ.
Denn die letztere, welche, obwohl sie gemäß der salvatorischen
Clausel Fürsten und Ständen an alten, wohlhergebrachten,
rechtmäßigen und billigen Gebräuchen keinen Abbruch zu
thun beabsichtigte, dennoch durch ihr eigenes Ansehen sich
bald im Gerichtsgebrauch Aufnahme verschafft hatte, war
vom Herzog Heinrich dem Jüngern mittelst Verordnung vom
24. April 1568 unter Aufhebung aller entgegenstehenden
Landesgewohnheiten ausdrücklich bestätigt und vom Herzog
Julius wiederholt als maßgebende Norm anerkannt (Verordnung vom 3. Februar 1570).

Nur zwei der uns überlieferten Processe weisen die
Formen des Anklageverfahrens auf, artikulirte Klage, Schrif-
tenwechsel, Defension und Replik mit Präjudicialfristen.
Beide fallen in eine verhältnißmäßig späte Zeit; der eine
ist 1622 vor dem hannöverschen Amt Blumenau, der andere
1639 vor dem Rathe zu Stadtoldendorf verhandelt. Im letzteren
Falle führte die Proceßverschleppung zu einer Beschwerde

---

*) Protokoll des Amts Lauenstein vom 27. Oktober 1648. Be-
kennt auch, daß er Pfeifer ufm Danzplatz sei; die Pfeife wäre von
Glas und gebe ihm dieselbe seine Jungfer. Es wären wohl 40
Weiber und 10 Kerle ufm Danzplatz (Köterberg) gewesen. Habe
keinen darunter gekannt, als die Struckſche und den Küster Ludolf
Barner von Fürstenau, welches ein Wärwolf, der auch das Fleisch
auf den Danzplatz gebracht. Die Kerle wären auf Eseln und Pfer-
den, die Weiber auf Schwingelbrettern ufm Danzplatz geführt. Sein
Bruder komme ufm Danzplatz nicht, sondern gehe ufm Brockenberg.“

6

bei dem Herzog August, welcher Anlaß nahm, die liederliche
Justiz des Raths zu rügen, Anweisungen betreffs des weiteren
Verfahrens ertheilte (u. A. soll man „keinen Theil zu dem
hinc inde deferirten Eide lassen") und die Angeklagte der
Folter unterwerfen ließ. Diese hat dann die Sache zu einem
schnellen Abschluß gebracht. Der Rath berichtet, daß Margarethe Werthmann, nachdem sie gefoltert und darauf
gütlich vernommen, todt gefunden, vom Nachrichter aber
ausgesagt worden, daß ihr Buhle ihr den Hals zerbrochen.
„Es sei auch in der Tortur nicht richtig zugegangen, hätte
sich ansehen lassen, als hielte ihr Buhle ihr die Zunge,
sei etlichemal eingeschlafen; wenn der Scharfrichter ihr einige
Schläge mit der Ruthe gegeben, hätte sie es Anfangs nicht
geachtet, hätte sich auch beim Sterben übel geberdet, aus
dem Bett in die Höhe gehoben und wieder niedergefallen."
Genau denselben Ausgang nahm der Blumenauer Proceß.
Die Helmstedter Facultät hatte auf „scharfe peinliche Frage,
doch menschlicherweis" erkannt, die Angeklagte nach Vollziehung des Spruchs in der Güte Abschwörung des Christenglaubens, Buhlschaft mit dem Teufel (Sträußle) und allerhand Hexenwerk eingestanden. „Ließ sich auch verlauten,
sie wolle am folgenden Tag mehr aussagen, auch alleine
nicht brennen, wenn sie gleich vorm Feuer stände, weil
aber er, Sträußle, die Nacht ihr den Hals zerbrochen, hat
man nicht mehr erfahren können, sondern ist durch Scharfrichters Diener, wie woll sie Brennens werth gewesen,
wenn sie gelebt hätte, unter das Gericht begraben."
Als der Sohn der Verstorbenen bei dem Herzog Friedrich
Ulrich gegen den Amtmann Eberhard von Alten Beschwerde
einreicht, weil derselbe ohne zulängliche Ursach seine Mutter

eingezogen und durch grausame Behandlung im Block und dreimalige scharfe Tortur getödtet habe, hält man dem Querulanten den urkundlichen Befund des Scharfrichters entgegen und weist ihn, ohne in die Sache irgend weiter einzugehen, ab und zur Ruhe. Er versucht nunmehr, Namens seiner Schwester, seiner ganzen Freundschaft und seiner selbst mittelst einer Injurienklage sich an dem Ankläger seiner Mutter zu erholen, beansprucht 1000 Reichsthaler als Buße (der ungerechten Anschuldigung und des der ganzen Sippe angethanen Schimpfes. Aber es geht ihm mit dieser Klage nicht besser, als mit der vorigen Beschwerde. Wechselschriften folgen auf Wechselschriften und acht Jahre vergehen, ohne daß die Sache spruchreif wird, dann ist sie allem Anschein nach liegen geblieben.

In Celle hat um die Mitte des siebzehnten Jahrhunderts ein Hexenproceß stattgefunden, welcher bei dem vornehmen Stande der Hauptbetheiligten im Lande großes Aufsehen hervorrief. Margarethe Walther, die Tochter des Generalsuperintendenten Dr. Michael Walther, eines hochangesehenen und um das Kirchenwesen Hannovers vielfach verdienten Mannes, war der Zauberei angeklagt und nach längerer Untersuchung erst dann der Anschuldigung enthoben, als 20 ehrbare Zeugen die Unsträflichkeit ihres Wandels erhärtet hatten. *) Unter den Mitangeschuldigten befand sich eine Magd, die, obwohl durch ein anfängliches Geständniß nicht wenig belastet und zugleich der Dieberei verdächtig, mit der milden Strafe der Landesverweisung davon kam. Sie begab sich in der Folge nach Helmstedt, gerieth wegen Zauberei, Brand

---

*) Havemann, braunschw. Geschichte III, S. 641.

stiftung und Giftmordes dort wiederum in Verdacht und ist daselbst am 10. Juni 1651 von den Herren des Rathes verbrannt worden. In einem Celler Protokolle, welches den hiesigen Akten beiliegt, hat sie ihre Erlebnisse bei dem Hexentanze folgendermaßen beschrieben. „Wäre einmal auf der Neustadt zu Celle auf dem Hexentanz gewesen und auf der Rückreise von Dr. Walthers Tochter Margarethe es erfahren, daß es die Neustadt gewesen, sei vor zwei Jahren in der Walpurgisnacht geschehen. Es hätte Jungfer Margarethe Walther, als die Mägde die Fenster zugemacht, ihr eine gedruckte Mütze aufgesetzt und wie sie geschlafen, sei sie gleichsam im Traume weggekommen und beim Aufwachen in der Neustadt unter einer Linde auf einem großen grünen Platz gestanden — wüßte daher nicht, ob sie geritten, gefahren oder in die Luft geführt; wenn sie ihre eigene Nachtmütze aufgesetzt, wäre sie wohl zu Haus geblieben. Habe mit getanzt, an der linken Hand Jungfer Margararethe Walthers, an der anderen Seite eine unbekannte Frau gehabt: F. St. hätte dazu getrommelt. Am anderen Morgen sei sie übel vom Tanz gewesen, hätten im Reigen um den Lindenbaum getanzt. Nachher hätten sie sich in des Hoffischers Kahn gesetzt, über die Aller gefahren und dann ausgestiegen; auf der Rückreise habe sie kaum eine halbe Stunde zugebracht; hätte beim Tanze einen stahlgrünen raschen Rock angehabt, etliche von den Tänzerinnen wäre nalt, andere jung gewesen."

Ueber den Hergang bei dem Hexenbade geben nach- stehende Protokolle der Fürstl. Regimentsstube zu Wolfenbüttel eine anschauliche Beschreibung. Sie bekräftigen zugleich, wie trübselig es in so manchen Fällen um den Geisteszustand der Angeschuldigten bestellt sein mochte, und wie sehr Weier Recht hatte, da er in den angeblichen Verbrecherinnen zumeist nichts anderes sehen will, als „schwaches Geschirr", Mütterlein, denen „der Dachstuhl verrücket."

Trine Loges, geb. Wichmann, aus Eimen, (Amt Stadt-oldendorf) ist in Verdacht gerathen, durch zauberische Mittel Pferde vergiftet und Menschen schwere Krankheit zugefügt zu haben. Man hat sie gefangen nach Wolfenbüttel ge-schleppt, verhört und den Anklagezeugen gegenüber gestellt. „Actum am 28. November 1651 auf dem Fürstl. Regiment. Trine Loges vorgefordert und ihr vorgehalten, daß sie ge-standen, sowohl im Amt Wickensen als Greene der Zauberei berüchtigt gewesen, aber daran unschuldig zu sein, und da sie sich verlauten lassen, daß solches die Wasserprobe mit Mehrerem an den Tag geben könne, so wollte man ihr freigestellt haben, ob sie solche Probe einzugehen gemeinet und wenn sie alsdann dieselbe nicht halten würde, für eine offenbare Zaubersche für allerwelt sich bekannt haben wollte. Illa saget: hätte es vor diesem von anderen Leuten gehöret, daß man die Hexen aufs Wasser werfen thäte, und wenn sie oben schwimmen, für Hexen gehalten und erkannt würden; wollte, solche Probe auch eingehen, jedoch nicht hoffen, daß sie oben schwimmen werde, denn Gott es mit ihr wohl machen würde, wie es sein sollte und wäre von Zauberei so rein, wie ein Kind im Mutterleibe." Ferner: „Am 5. December in des Scharfrichters Behausung, praesentibus Dr. Köler, Dr. Lüning, Amtmann Wulfen, Auditor Rebiger. Compromittirt Gefangene abermals auf die Wasserprobe, erzählt zunächst aber, waßmaßen sie etwa vor einem Jahr Hans Münchmeyers Frauen zu Vorwohle eine schwarze Mütze abgekauft und dieselbe mit ins Gefängniß gebracht hätte; als sie aber diese Mütze vor etwa 3 oder 4 Tagen abgesetzt und bei sich hingelegt, wäre ein lebendiges Ding aus dieser Mütze gekommen, welches dieselbige genommen und zu dem Loche, so im Gefängniß wäre, hinausgeführt. Eine halbe Stunde darnach aber wäre das Ding zusammt der Mütze wieder zu ihr ins Gefängniß gekommen und ihr die Mütze unter das Stroh zu dem Haupte gelegt und hätte dies Ding sie immer bishero umbringen wollen, sie aber zu Gott gerufen, der ihr dann die heiligen Engel zugeschickt, daß sie dafür wäre beschützt worden, und wären die heiligen Engel, wie auch vorbemeldetes Ding noch bis Dato in dem Gefängniß. — Worauf sie nochmals, ob sie die Wasserprobe einzugehen gemeint, befragt worden und wie sie darin nach wie vor gewilligt, ist dem Scharfrichter solche zu verrichten befohlen, der sie Anfangs in seinem Hause bis auf das Hemde entblößet, hernach auf das Wasser in ein Schiff geführt und daselbst kreuzweise mit Händen und Füßen zusammengebunden. Als solches nun geschehen, ist befohlen, die gefangene Lucien Heistermanns auch herbeizuführen, die dann zusehen müssen, welchergestalt gefangene Trine Loges auf das Wasser geworfen und in der Probe bestehen werde. Wie aber dieselbe vom Scharfrichter zu zwei unterschiedlichen Malen auf das Wasser geworfen, ist sie beide Male oben geschwommen, sogar daß sie der Scharfrichter **salva venia** für den Hintersten geschlagen. Und ob ihr wohl der Scharfrichter, nachdem er sie wieder aus dem Wasser gezogen zugeredet und gesagt, daß sie nun sich selbsten überführt und dargethan hätte, daß sie eine offenbare Hexe wäre, hat sie zur Antwort gegeben, daß sie von Zauberei so rein, als sie vom Mutterleibe geboren. Bleibet dabei, sagt, wollte man sie brennen, das möchte man thun, sie müßte damit zufrieden sein. **In custodiam reducta.''** Nach eingeholtem Urtheil der Herzogl. Räthe soll Angeschuldigte nunmehr über die einzelnen Punkte in der Güte, doch ernstlich befragt, mit Vorstellung des Scharfrichters und Vorzeigung dessen peinlicher Instrumente bedräuet (Territion), endlich mit scharfer peinlicher Frage, ihrer Constitution und anderen befindlichen Umständen nach belegt werden.'' Allein in der Ahnung des Kommenden hat das unglückliche Weib weiteren Martern sich zu entziehen gewußt. Auf der Rückseite des Spruchs ist vermerkt: ,,Diese Sentenz ist nicht exequirt worden, dieweilen die Gefangene einen Strick um den Hals habend, und mit einem langen Stocke zugewrelet, in der Gefängniß unter dem Mühlenthor todt gefunden worden, am 23. December 1651.''

Wenn das Uebel, welches durch die Behexung verursacht ist, in paralytischen Krankheitserscheinungen sich äußerte, so wurde der Teufel aus den Besessenen in der katholischen Kirche durch den Exorcista mittelst Rauchwerkes und Weihwassers, bei den Evangelischen durch die Strafpredigt des Pfarrherren hinausgetrieben. Da Margarethe Wippermann zu Warbsen (1667) nach einem Trunk Broihans, den Franzen Latuhts Eheweib auf einem Taufschmause ihr zugebracht, in Melancholey verfällt, über unaussprechliche Angst und Schmerzen klagt und sich geberdet, wie vom bösen Feind eingenommen, macht sich der **cand. theol.** Georg Schumann mit allem Eifer daran, den Unhold zur Ruhe zu bringen. Er selbst berichtet darüber, wie folgt: ,,Und hat man leider gesehen, wie sich der böse Geist in dem elenden Menschen so wunderlich und grausam angestellet, den Körper so elendiglich gequälet, daß 5 Mannspersonen ihn kaum halten können, wobei man denn auch gehöret, daß er also gescholten und daß er Allem, was man geredet, gespottet, daneben angefangen zu lallen, zu pfeifen und unter dem Gebet solche Sachen zu treiben, welche fast unmöglich, alle zu erzählen oder zu beschreiben. Wie wirs aber durch das inständige fleißige Gebet und Gottes Gnade soweit gebracht, daß der Geist müssen stille sein und die Person zufrieden lassen, habe ich sie gefraget, ob sie nun mit beten wolle. Als ich aber u. A. mit ihr gebetet: Gott der Vater wohne uns bei! hat sie alles fleißig nachgebetet; als man aber auf diese Worte kommen: Vor dem Teufel uns bewahr! ließ sie selbige aus und sagte drauf: Halt uns beim festen Glauben! Darauf ich nochmals vorgebetet: Vor dem Teufel uns bewahr'! Da brach der Geist wieder los, sagend: Ey, du läugest! Das hört nicht mit drunter! Und war eine Zeitlang stille, daß auch die Person nicht reden konnte. Wie ich aber dennoch nicht wollte ablassen, so habe ich endlich durch Gottes Gnade und mein inständig Anhalten so ferne vermocht, daß die Person wieder geredet, fleißig mit mir gebetet und gute Antwort von ihrem Glauben gegeben, worauf ich sie fleißig gebeten und vermahnt, beständig dabei bis in den Tod zu verharren, welches sie mir dann mit Handgeben versprochen, und darauf gebeten, man möchte sie doch nur zufrieden lassen, auf daß sie ein wenig schlafen und also ihren elenden und sehr geplagten Leib ein wenig rasten möchte. Welches man ihr dann gerne gegönnet und bin ich also, indem ich sie sämmtlich Gott befohlen, des Nachts zwischen 2 und 3 Uhr von ihnen gegangen." Obwohl die Gemeinde, von dem teufelsgläubigen Candidaten

aufgehetzt, wiederholt die Fürstl. Räthe mit Bittschreiben
bestürmt, dem hochmüthigen und verstockten Weibe, so all'
dies Unglück angerichtet habe, die verdiente Strafe zu Theil
werden und es nicht dahin kommen zu lassen, daß der Ort
als Hexendorf verschrien werde, so geht die Beschuldigte doch
frei aus. Man kann ihr nicht nachsagen, daß sie auch sonst
schon als Hexe berüchtigt gewesen, und dieser eine Umstand
wird ihr zur Rettung. Denn die Helmstedter Spruchfakultät
respondirte auf Einsendung der Akten: „Obzwar, sowohl
der an Margarethe Wippermanns, als auch die an den
Anderen begangenen Fälle ziemlich nachdrücklich, dieweilen
aber das vornehmste Indiz, welches in diesem Laster
nach der Peinlichen Gerichts-Ordnung fama ist, weder
an sich, noch viel weniger mit ihren Qualitäten beigebracht
worden, so halten wir dafür, daß die angegebenen Indizien
ad torturam nicht genugsam und Inquisitin gegen Caution
bis andere erheblichere Indizien sich eräugen, der Haft zu
entlassen sei" (1. November 1669).

Bei den schweren Belastungen, welche im vorstehenden
Falle die Aussagen zahlreicher Zeugen auf die Angeschuldigte
geworfen hatten, muß dieser Ausgang einigermaßen be-
fremden. Vielleicht, daß die Helmstedter Facultät unter denjenigen Spruchbehörden, die mit dem subjectiven Thatbestand
es genauer zu nehmen begannen, nicht in letzter Reihe zu
nennen ist. Für deren, auch sonst wohl bezeugte *) Zurückhaltung im Vergleich mit anderen deutschen Hochschulen
mag ein weiterer Belag folgen.

Katharine Schulze, Hans Niebers Eheweib, aus Vellstorf
war auf Veranlassung des vorsfelder Amtmanns zur Unter-

---

*) Vergl. z. B. Raumer, märkische Forschungen Bd. I, S. 258.

suchung gezogen, weil sie mit einem berüchtigten Hexenmeister im preußischen Dorfe Wiswehdel in Verkehr gestanden, verschiedene Einwohner von Vellstorf und Eyschott durch giftige Tränke an der Gesundheit gefährdet und das Vieh verzaubert habe. Nachdem die Angeklagte und die Zeugen summarisch und nach Fragstücken vernommen sind, handelt es sich um Zulässigkeit der Tortur. Die herzoglichen Räthe (Fritz von Heimburg, Justus Georg Schottelius, J. A. Engelbrecht und Heinrich Schwalenberg) berichten darüber unterm 17. August 1667 an den Herzog Rudolf August und bejahen nach C. C. C. Art. 47 die Frage, da „Inculpatin 1) wegen Zauberei bei Jedermann der Zauberei berüchtigt 2) welche sie zu bezaubern gedroht, das Angedrohete widerfahren 3) hin und wieder mit berüchtigten und Zauberinnen vertrauliche Kundschaft gepflogen, mit Leuten zu ihnen gegangen und sie zu ihnen gewiesen 4) verdächtige Mittel bei kranken Leuten gebrauchet, überdem bei der Confrontation sich frech erzeigt, sich abscheulich ohnerachtet allen Annmahnens vermaledeit und sehr widerliche Worte dabei geführt, sich öfters nebenbei im Gesicht verändert und gegen der Zeugen beständige und umständliche Aussage zuletzt meist stillgeschwiegen, auch bekannt, daß sie Schelmerei zu benehmen für keine Hexerei gehalten, und von 2 Zeugen ihr unter die Augen gesagt worden, daß sie sich gegen sie vernehmen lassen, sie hätte ihren Aufenthalt davon, anderer Anzeigen zu geschweigen." Nachträglich müssen jedoch den Herren wiederum Bedenken gekommen sein, denn in einer späteren Eingabe wird gesagt, man sei ratione torturae decernendae in votis discrepant gewesen und gebe anheim, die Akten, wie in sothanen Fällen bräuchlich, auf eine Universität zu schicken.

Die nun um einen Spruch angegangene Fakultät zu Jena erkennt auf Territion, ziemliche Tortur und, dafern Inquisitin ein Bekenntniß ablegen, dabei auch bei einem extra locum torturae am dritten Tage gütlich gestellten Vorhalt verharren werde, auf die Strafe des Feuertodes. Das Urtheil ist nicht vollstreckt, vielmehr die Akte aus einem nicht ersichtlichen Grunde anderweit zur Begutachtung nach Helmstedt geschickt. Dortseits aber ergeht der Bescheid, daß „keine genugsamen indicia ad torturam erwiesen, daher Inculpatin gegen bürgliche Caution und abzustattende gewöhnliche Urphede der Haft zu entlassen sei" (19. April 1668). Nachdem der letztere Spruch die landesherrliche Bestätigung erhalten, schwört die Gefangene den üblichen Urpheds-Eid, daß sie die ausgestandene Haft an Sr. Hochfürstlichen Durchlaucht, dero Gemahlin, Fräulein und anderen Anverwandten, auch Kanzlern, Räthen, Beamten und anderen Dienern vom Höchsten bis zum Niedrigsten, absonderlich aber an dem Amtmann zu Fuchsfelde, auch denjenigen, die sie gerichtlich angeklagt und bisher verfolgt haben, im Geringsten nicht ahnden und eifern, sondern solche Haft für eine gnädige Züchtigung erkennen und halten solle und wolle. Sie wird dann entlassen und der Amtmann zu Vorsfelde angewiesen, ihr gegen Unbill und übele Nachrede seinen Schutz nicht zu versagen.

So glimpflich verfuhr man freilich nur in seltenen Ausnahmen; ein Princip ist aus der Behandlungsweise der gleichzeitigen und gleichliegenden Fälle schlechterdings nicht abzunehmen. Meistens folgt sogleich auf das artikulirte Verhör oder nach etwa noch vollzogener Wasserprobe die Folter und dann vermochte nur eine ganz außerge-

wöhnliche Standhaftigkeit den schlimmsten Ausgang abzuwenden.

Mit der Verfolgungswuth der Theologen ging der
Eifer des gemeinen Mannes Hand in Hand. Wie das
Volk durch Aufspürung der Wickerschen sein Hab' und Gut
vor Gefährde zu bewahren meinte, so setzte es zugleich Ehre
und Reputation darin, mit Zauberern und Hexenleuten keine
Gemeinschaft zu halten. Nach beiden Seiten hin erscheint
eine Eingabe der Ortsangesessenen zu Eimen an den
Herzog Rudolf August charakteristisch. „Euer Fürstl. Durchlaucht," so lautet das Schreiben, „können wir, dero Unterthanen
des Dorfs Eimen, aus hochdringender Noth unterthänigst
zu behelligen keinen Umgang nehmen, wie daß Ew. Hochfürstl. Durchlaucht Herr Vater Hochseliger Gedächtniß bei
vorigen Jahren auf unsere wehmüthige Supplik Etzliche
aus unserem Dorfe, so der Zauberei beschuldigt, auch darauf
selbst bekannt, ihrer wohlmeritirten Strafe nach, indem sie
durch Zauberei uns unserer wenigen Habseligkeiten fast
entsetzet und zu armen Leuten gemacht, durch das Feuer
abstrafen und hinrichten lassen. Ob wir nun nach der
Zeit zu Gott gehofft, daß wir nach ausgestandener Plage
hinwieder zu vorigem Stand gethan, so müssen wir doch
leider annoch schmerzlich erfahren, wie wir mit unserem
Vieh und Ackerbau (welcher sonst bei vorigen alten Jahren
austräglich gewesen) zu keiner Aufnahme oder Stück Brodes
mehr gelangen können, indem die Wiesen gleichsam von
den schon hingerichteten oder noch bei uns vorhandenen
Unholden sammt dem Lande, ob wir gleich saure Arbeit
täglich dabei verrichten, vergiftet scheinen und wir wegen
solcher Unholde hin und wieder in äußerste Verachtung

gestürzet werden, alsogar daß Niemand, wofern wir schon etwas an Eier, Butter oder Käse zu Markt bringen, uns mehr abzukaufen begehrt, und wir fast keinen Groschen mehr zu lösen bekommen können, denn wofern auf Befragen wir auf dem Markt, da wir etwas zu Gelde zu machen vermeinen, Antwort geben, wo wir her seien, müssen wir diese schimpflichen Schmähreden hören: wer wollte Euch Hexenleuten etwas abkaufen! Welches auch zu Zeiten in anderen Gelagen uns vorgerücket wird, wodurch dann großer Streit und Uneinigkeit erwachsen dürften, zumal es denen, so unschuldig seien, schmerzlich zu Herzen geht, daher wir auch anders nichts, als unseren gänzlichen Untergang und Verderben vor Augen haben, woferne solche bösen Leute nicht ausgerottet werden. Wenn dann der Obrigkeit, welche vormals der Execution beigewohnt, solche bösen Leute ver-hoffentlich bestermaßen bekannt und eine Zeit her nur Streit und Uneinigkeit unter uns gemein gewesen, also gelanget an Ew. Durchlaucht allerunterthänigst Suchen und um Gottes Willen demüthig Bitten, Sie geruhen doch so gnädigdero Hochfürstl. Hülfe uns armen Einwohnern hierunter in Gnade wieder-fahren zu lassen, damit das annoch vorhandene Unkraut aus-gerottet und wir in gutem Frieden und Einigkeit als Christen gebührt, bei einander wohnen mögen (7. Mai" 1667).*)

---

*) Nach den Inspectionsprotokollen der geistlichen Visitatoren zu schließen, scheint ein ähnlicher Ruf namentlich dem Dorfe Lehre zeitweise (1663 und folgende Jahre) angeklebt zu haben. Der dor-tige Pastor Penkelius weiß sich in dem Hexendorfe, allwo schon seines Amtsvorgängers Frau von gottlosen Menschen lahm gezaubert sei, des Lebens nicht sicher und bittet in Anbetracht solcher Fährnisse um Versetzung. Anderswo hilft man sich wohl selbst. Als in Lei-ferde eine „Wunderdoctorin" einem Manne die guten Hollen zu-gewiesen hat, wird ihr eine tüchtige Tracht Prügel applicirt, welche die wohlthätige, wenn auch wunderbare Wirkung hat, den Bezau-berten von seinen Schmerzen zu befreien. (Schlegell III, S. 99.)

Schließlich noch einige Auszüge, aus denen sich entnehmen läßt, wie im Laufe der Zeit neben den betrügerischen
Spekulationen, deren bereits gedacht worden, auch wohl
ein fröhlicher Muthwille mit dem Aberglauben sein Spiel
trieb, aber, sobald die Obrigkeit dahinter kam, schwer zu
büßen hatte.

Der 13jährige Junge des Opfermanns zu Geitelde,
Hans Reinhart, versucht gelegentlich den Hexen seines
Dorfes auf die Spur zu kommen und wendet hierzu laut
Berichts des wolfenbüttler Amtmanns Wulfen nachstehendes
Manöver an (1661). „Habe sich in der Walpurgisnacht
auf einen hölzernen dreibeinigen Schemel überärsch gesetzt,
sei damit von seines Herren Hofe in des Teufels Namen
dreimal um und durch das Dorf und vor dasselbe auf
einen Kreuzweg gerückt, habe mit der rechten Hand einen
runden Kreis und über ihn in vier Ecken ein Kreuz gemacht
und sich darein gesetzt. Nach einderthalb Stund Wartens,
als seine Genossen schon müde geworden und sich entfernt,
sei ein grausamer Windsturm entstanden und sechs alte
Weiber aus Geitelde um den Kreis gekommen, die hätten
ihn herausziehen wollen, aber es, da er gebetet, nicht
vermocht; er aber sei dabei so angst geworden, daß er
weder hinter, noch vor sich hätte sehen können." Wenn
nun der Junge, fährt der Amtmann fort, das Maul gehalten, wäre Nichts nach kommen, auf Befragen seines
Genossen Himstedt aber, wen er gesehen, habe er genennet
dessen eigene Mutter, Hermann Jürgens Frau, die Müllersche,
Sonnenbergische, Horenburgische und Andreis Helms'en Frau.
Worüber groß' Geschrei im Orte entstanden. Um den
jugendlichen Sünder vor den Fäusten der zornmüthigen

Weiber zu sichern, läßt der Amtmann ihn in Haft nehmen, und befürwortet gleichzeitig bei dem Herzog August, daß Hans Reinhart dem Schulmeister zu einer mäßigen Züchtigung überwiesen, an den beiden Minderbetheiligten dagegen Gnade für Recht geübt werde. Allein höchsten Orts war man anderer Meinung. „Sie müssen alle Drei die Ruthen haben, schrieb Serenissimus an den Rand des Berichts, der Dritte aber zum meisten. Dieweilen eine Criminalsache, wird der Schulmeister eine Execution nicht verrichten können, denn es dem Schulmeister viel eher würde vorgerücket werden, daß er dem Diebshenker ins Amt gefallen. Wird es demnach im Philippsberge durch Henning geschehen müssen, womit sie alsdann zu dimittiren seien. Es ist ein solches Delictum, daß man mit dem Fuchsschwanz nicht überhin streichen kann."

Ernstere Folgen hatte ein ähnlicher Vorgang, welcher sich im Jahr 1681 in Holzminden zutrug. Ein Knecht aus Grave bei Ottenstein, Hans Schaper, hat in der Walpurgisnacht gleichfalls sich auf einen Kreuzweg bei Holzminden gestellt, einen Torf sich auf den Kopf gelegt, den Kreis gezogen und nun den Herentanz mit all' seinem Mummenscherz an sich vorüberziehen lassen. Auf die Kunde davon entbietet ihn der Syndikus Bierbüß zu sich, klagt, wie der ganze Ort so voller Herenleuten stecke, fragt, wen Schaper neulich unter dem Herenvolk gesehen, und als Jener wegen seiner Unbekanntschaft mit den holzmindener Einwohnern Namen nicht anzugeben weiß, zählt er eine Reihe von Bürgern her, auf welche die Beschreibung wohl passen möge. Der Knecht schwatzt beim Bier und giebt die vom Syndikus mitgetheilten Namen zum Besten.

In der Bürgerschaft entsteht darüber eine gewaltige Auf-
regung. Man schilt sich gegenseitig Hexen, Zauberer, Wär-
wölfe. Die Verleumdeten verlangen, ihre Unschuld durch
die Wasserprobe darzuthun. Es kommt zum offenen Land-
friedensbruch. Aufgewiegelt von den Predigern des Orts
stürmt und demolirt eine wüthende Menge das Haus des
Syndikus, dem es nur mit genauer Noth gelingt, nach
Wolfenbüttel an den Fürstl. Hof sich zu retten. Auf seine
Klage beauftragt Herzog Rudolf August den Vize-Kanzler
Alexandri mit umfassender Untersuchung des Frevels. Allein
obgleich dieser an Ort und Stelle eine emsige Thätigkeit
entwickelt, so rückt, da die Zeugen meist zugleich „de-
nunciatores und denunciati,‟ das Verfahren doch nicht
recht von der Stelle. Schließlich stirbt der Vize-Kanzler
darüber hin, sein Nachfolger läßt die Untersuchung liegen
und mit der Zeit kehrt die Ruhe in die erbitterten Gemüther
zurück. Das Ende vom Liede ist, daß Bierbüß öffentlich
Abbitte thun muß, die **pastores** mit scharfem Verweise belegt werden, Schaper aber, ungeachtet er bereits eine langwierige Untersuchungshaft ausgestanden, zu 2jähriger Karren-
strafe verurtheilt wird und damit für seinen Vorwitz unver-
hältnißmäßig schwer zu leiden hat, während der eigentlich
Schuldige so gut wie frei ausgeht.

In der letzten Hälfte des siebenzehnten Jahrhunderts
werden die Verhandlungen häufiger, in denen, ohne daß
vom Teufel und der Buhlschaft mit ihm die Rede ist, ander-
weiter abergläubischer Unfug den Gegenstand der Strafthat
bildet. Planetenseher und Wahrsager kommen in Aufnahme.
Namentlich aber giebt das „abergläubische Segnen‟, die
Heilung von Krankheiten durch sympathische Mittel und

Zaubersprüche, noch in unseren Tagen im Volke ein be-
liebtes Kurverfahren, den Stoff zu zahlreichen Untersuchungen. Ein landesfürstliches Edikt vom 8. Juli 1648 hatte
dem Unwesen vergeblich zu steuern versucht.

Von solchen Segen finden sich in unseren Akten zahlreiche Beispiele, meistens kurze ungefüge Reime, mit An-
rufung der heiligen Dreieinigkeit anfangend oder schließend.
Ein Segen zum Schutz gegen gartende Landsknechte oder
feindliche Reiter (aus den Akten gegen die betrüglichen Laboranten, 1575):

„Gott grüß Euch Reuter wohlgemuth,
Ihr habt getrunken von Christi Blut.
Trinket Ihr und gebet mir,
daß Gott der Vater bei Euch sei,
Gott der Sohn bei mir,
Gott der heilige Geist zwischen uns beiden,
der helfe, daß wir mögen
mit Frieden von einand scheiden."

Ein Segen gegen jegliche Art von Hexenwerk (Warbsen,
1669).

„Im Namen Jesu Amen.
Ich ging über einen Graben,
da saßen drei Knaben ††† (id est, ut ipse in-
terpretatur: Gott Vater, Gott Sohn und Heiliger Geist).
Wer stärker ist, als diese drei Personen,
der greife einmal das Meinige an †††.
Ich beschwöre Euch als Eisen, Stahl und Metall,
ihr Hexen und Zauberer allzumal,
daß ihr stehet und nimmermehr gehet,
bis die liebe Frau einen anderen Sohn gebäret
†††. Jesus Amen." 7

Am eigenartigſten ein Spruch, mittelſt deſſen eine alte
Frau *) ihrem Anverwandten Kurt Neddermeyer vor Schaden
behütet haben will:

Unſere liebe Fraue und Sanct Johannes
die gingen zu Hauf über einen Barg,
da mötten ihnen da ein Zwarg und ein Arg,
ein Arg und ein Zwarg, ein Zwarg und ein Arg.
Da ſprach ſich unſere liebe Frauen:
wo wollt ihr hin, ihr Zwargen und ihr Argen,
ihr Argen und ihr Zwargen, ihr Zwargen und ihr Argen?
Da ſprachen die Zwargen und die Argen,
die Argen und die Zwargen, die Zwargen und die Argen:
Wir wollen hinziehen zu Kurt Neddermeyer und wollen ihm
     benehmen ſein Gehend und ſein Stehend, ſein Liegend
     und ſein Sitzend benehmen,
ſein Wachend und ſein Schlafend, ſein Eſſend und ſein Drinkend
     und alle ſeine Wohlfahrt;
ſein Fleiſch wollen wir eſſen und ſein Blod wollen wir drinken.
Da ſprach ſich unſere liebe Frau:
Ich verbiete Dir bei dem Wachſe und bei dem Flachſe,
bei der Taufe und bei dem heiligen Weihwort,
daß Du Kurt Neddermeyers Fleiſch nicht eſſeſt
und ſein Blod nicht drinkeſt,
     und weſeſt heimlich und ſtille,
als unſer lieber Frauen ihr Athem in ihrem Munde,
ſo lange daß Marie einen lieben Sohn gewinne.

---

*) Adelheid Neddermeyer aus Engelnſtedt, der Hexerei angeklagt
(1665), führt im Gefängniß durch Enthaltung von aller Nahrung
ihren Tod herbei.

Das hab Dir der Wind angeweyet
oder Regen angespreyet
oder ein gued Wichte angeleyet:
Das thue Dir ein Winnemus und ein Spinnemus:
das benße Dir Gott und der heilige Chrift,
Im Namen des Vaters, Sohnes und heiligen Geistes, Amen." —

Leibniß erwähnt einmal (Theodicee I, 5), der Ein-
druck von Spees cautio criminalis habe die braunschweiger
Herzöge sehr bald bewogen, den Hexenprocessen in ihren
Landen ein Ende zu machen. Diese Nachricht wird mindestens auf die Fürsten der hannöverschen Linie beschränkt
werden müssen. Denn noch fast zwei Menschenalter hindurch
nach dem Erscheinen jener Schrift haben Herzog August
und seine nächsten Nachfolger, wie die mitgetheilten Auszüge zur Genüge nachweisen, fleißig „gebrannt" und bis
zum Ausgang des siebenzehnten Jahrhunderts stand der
Hexenglaube im Herzogthum in voller Kraft. Wie sich dann
allmählig und unmerklich der Umschwung vollzogen hat,
und ob der oben (S. 96 Anmerkung) erwähnte schöninger
Proceß aus dem Jahr 1699 etwa der letzte der braunschweigischen Hexenprocesse gewesen sein möge, darüber fehlt es
bislang an jedem Anhalt.

VII.

Als im Jahr 1649 die schwedische Königin Christine
bezüglich der im westphälischen Frieden ihr zugefallenen
deutschen Gebiete die Weisung ertheilte, daß alle fernere
Inquisition und Procedur im Hexenwesen aufzuhören habe,
die diesfalls allbereits Captivirten auch wieder zu relaxiren

und in integrum zu restituiren seien, war das leuchtende
Beispiel ohne Nachahmung geblieben. Es bezeichnet den
ersten Schritt zur Besserung, wenn ein volles Menschenalter
nachher ein mecklenburger Herzog aus den Frageartikeln
die Punkte hinsichtlich des Herensabbaths auf dem Blocksberge wegzulassen befahl und der große Kurfürst eine An-
leitung zu vorsichtiger Anstellung des Inquisitionsprocesses
erließ, oder wenn man die ehedem niemals aufgeworfene
Frage, ob denn die angeblich Behexten ihre Krankheit nicht
auch auf natürliche Weise bekommen haben könnten, in
amtliche Erwägung zog und anfing, sich darüber bei medicinischen Fakultäten Raths zu erholen. *) Denn in eben dem
Maße, in welchem man an die Objectivirung des Thatbestandes strengere Anforderungen zu stellen sich gewöhnte,
mußte das Verbrechen selbst in Abnahme kommen, auch wenn
die Möglichkeit eines Teufelsbundes einstweilen noch jedem
Zweifel entrückt blieb. Als dann in den neu aufkommen-
den Versuchen, mittelst Wünschelruthe und Teufelsbeschwö-

---

*) Interessante ärztliche Gutachten in 2 Herenprocessen aus
dem Jahre 1688, geführt bei dem hochfürstlichen Amte zu Ballenstedt
(Quedlinburg 1863) S. 44 fg. — Die Menschenfreundlichkeit des
Gerichtsherrn, Fürsten Victor Amadeus von Anhalt-Bernburg, welchem
die Herenprocesse „schwere Sorgen und große Verantwortung" machen,
hebt sich grell ab von den Rohheiten des hergebrachten Verfahrens.
Die Schöffen zu Halle erkannten nach fruchtlos verlaufener, erster
Tortur dahin, die scharfe Frage an der Angeschuldigten dergestalt
durch den Scharfrichter wiederholen zu lassen, daß er „die Inquisitin
mit Aufwerfung brennenden Schwefels ängstige und andere bei dem
dritten Grade der Tortur übliche und gewöhnliche Mittel an ihr
vollstrecke, dabei sie dann vorher durch den Scharfrichter an ihrem
Leibe, ob sich etwa ein Merkmal eines Verbündnisses mit dem Teufel
bei ihr finde, mit Fleiß zu durchsuchen, und ihr solches alsdann aus-
zuschneiden sei." Die Angeschuldigte wandte die ihr zugedachten
Qualen durch ein rechtzeitiges Geständniß ab und wurde verbrannt.

rung die Schätze, die während der langen Kriegsjahre ver-
graben und dann vergessen waren, an's Licht zu fördern,
der Begehrlichkeit des Volkes ein lockender Köder entgegen-
gehalten wurde, trat der Hexenspuk und die Hexensuche mehr
und mehr in den Hintergrund. Zudem rüttelten die Fort-
schritte der Wissenschaft gewaltsam an dem überkommenen
Wahn. Eingeleitet durch die geschickte Abfertigung, welche
der freisinnige Niederländer Balthasar Bekker in seiner „be-
zauberten Welt" (1691—1693) der Dämonenlehre ange-
deihen ließ, mächtig gefördert und beschleunigt durch die
beiden Disputationen, in denen Christian Thomasius zu
Halle den blinden Auctoritätsglauben Carpzovs und seines
Anhanges als Altweiber- und Mönchsfratzen dem Gespötte
preisgab (1701, 1715), dennoch nicht ohne Stocken und
Gegenstoß, hat die Aufklärung des achtzehnten Jahrhunderts
dem Hexenproceß ein allmähliges Ende bereitet.*) Zwar
erhielt sich die Karolina und mit ihr der Artikel über das
Verbrechen der Zauberei bei den meisten deutschen Staaten
in unsere Tage hinein bis zu den Codificationen der Par-
ticularrechte in formeller Gültigkeit, allein die Strafdrohung
des Gesetzes war zum starren Wortlaut geworden und in
gleicher Weise die Folter, ohne daß es der ausdrücklichen

*) In Preußen erließ Friedrich Wilhelm I. unterm 13. Decem-
ber 1714 ein scharfes Mandat gegen die Hexenprocesse. Die letzten
bekannten Fälle aus der Mark entstammten den Jahren 1721 und
1728. Im ersteren sollte ein Weib Butter in Kuhdreck verzaubert
haben (die Untersuchung wurde niedergeschlagen), im letzteren ward
eine junge Berlinerin des Teufelsbündnisses angeschuldigt und ihrer
Liederlichkeit wegen ins Spinnhaus geschickt, nachdem man bei ihr
Gemüthskrankheit constatirt hatte (v. Raumer, märk. Forschungen
I. S. 264). Eine andere Mittheilung, daß noch im Jahr 1750 in
Quedlinburg ein Weib als Hexe erwürgt und dann verbrannt sei,
ist nicht verbürgt.

Abschaffung bedurft hätte, längst außer Anwendung gesetzt. Immerhin kommen vereinzelte Rückfälle noch bis gegen die Neige des vergangenen Jahrhunderts vor. Der würzburger Nonne Maria Renata Sängerin, die nach wiederholter Tortur im Jahr 1749 mit dem Schwert gerichtet wurde, ist die Bezeichnung der letzten Reichshexe mit Unrecht zu Theil geworden. Im Kurfürstenthum Bayern blieben die Processe noch eine geraume Zeit später im Schwange und eine geheime Instruction zum Malefiz-Inquisitionsproceß brachte die schmutzigen Sicherungsmaßregeln des Hexenhammers gegen versteckte Amulete der Angeklagte¹), die herkömmlichen Fragstücke über die Teufelsbuhlschaft und den Vermuthungsbeweis Carpzovs wieder in Aufnahme. So viel bis jetzt ermittelt, hat die Enthauptung einer armen Tagelöhnerfrau Anna Maria Schwägelin aus dem Stift Kempten am 11. April 1775 die Reihe der Hexenprocesse auf deutscher Erde beschlossen. *)

Aber mit den Processen hat nicht auch der Hexenglaube seine Endschaft erreicht. Wieder und wieder offenbaren sich Nachwehen einer finsteren Vergangenheit in Kundgebungen des alten Zauberglaubens, mitunter selbst in wüster Gewaltthat. Und die niederen Schichten des Volkes sind keineswegs die alleinigen Träger des Wahns. Wie in der katholischen Kirche der Gegenwart die angesehensten Namen in Schrift und Lehre die Möglichkeit eines Pakts mit dem Bösen und die Wirklichkeit der Hexerei verfechten, so hat auch das

---

*) Auf deutscher Erde. In Glarus kommt noch 1783 ein Hexenproceß vor. Ueber die unseren Tagen angehörige Wiederbelebung der Hexenprocesse, unter den Auspicien katholischer Priester, in Mexiko vgl. den Aufsatz von Nippold (in v. Holtzendorffs und Virchows wissenschaftlichen Vorträgen).

vatikanische Concil, insofern die Bulle **Summis desiderantes**, die berüchtigte Vorläuferin des Hexenhammers, unter die unfehlbaren Lehrverkündigungen des Papstthums gehört, von Neuem die amtliche Genehmhaltung ertheilt zu jenem Satze der Inquisitoren, daß es die größte Ketzerei sei, die Werke der Zauberinnen nicht zu glauben. Wenn dann nicht minder auf evangelischer Seite der marburger Theologe August Vilmar Jahrzehnte hindurch vom akademischen Lehrstuhl herab ganz ähnlichen Anschauungen hinsichtlich der Gewalt des Teufels über die Naturkräfte und die sündige Menschheit Ausdruck verleihen konnte und die Geistlichkeit Kurhessens eine stattliche Schaar seiner Jünger aufweisen soll, die blindlings auf die Worte des Meisters schwören, so wird man Angesichts solcher Ungeheuerlichkeiten auf die Frage, warum dessenungeachtet eine Wiederbelebung der Hexenprocesse bei uns noch nicht erfolgt sei, die Antwort erklärlich finden: weil heutzutage jener Wahnsinn die Justiz und die Folter nicht mehr zur Verfügung hat.[*])

Es ist wiederholt der Versuch gemacht, die auffälligen Erscheinungen des Hexenwesens durch die Annahme abzuschwächen, daß den von den Hexen eingestandenen Tollheiten eine gewisse objective Wahrheit zu Grunde liege oder daß doch mindestens Jene von der Thatsächlichkeit ihres Zauberwerkes überzeugt gewesen seien. Man hat die Phantasiegebilde derselben auf Geistesstörungen zurückgeleitet, auch wohl vermuthet, daß die Hexen sich vielfach durch narkotische Mittel in einen Zustand traumhafter Bewußtlosigkeit

---

[*]) Heppe-Soldan II, S. 351. Daselbst auch die weiteren Einzelheiten über Vilmars Teufelsystem.

verſetzt hätten, in welchem ſie doch ihren eigenen Bekennt-
niſſen zufolge nichts als Unbehagen und Ekel empfunden
haben würden. Es iſt durchaus ernſtlich gemeint, wenn die
Berückungen des Teufels mit der Aufhebung der Frauen-
häuſer im Zeitalter der Reformation, das Wettermachen
und Viehverzaubern mit gewinnſüchtigen Anſtiftungen ver-
kappter Getreidewucherer und Viehhändler in Beziehung ge-
ſetzt werden. Insbeſondere ſoll die Gleichförmigkeit der
abgelegten Geſtändniſſe als Beweisgrund für die Realität
des Geſtandenen dienen, obwohl darin doch nur das natur-
gemäße Ergebniß eines Unterſuchungsverfahrens zu erblicken
iſt, welches alle die von der Kirche ausgegebenen, im Volke
bald verbreiteten Merkmale des Hexenweſens in möglichſt
umſtändliche, mehr oder weniger ſchematiſche Frageſtücke auf-
nahm und die gewünſchte Antwort durch Verſprechung,
Drohung, Folterung den Angeklagten erpreßte. Kein Zweifel,
daß ſich unter der Maſſe der Gerichteten ein nicht geringer
Procentſatz ſchwachſinniger Weiber befunden haben mag,
welche der Hexenkünſte wirklich fähig zu ſein meinten, und
gewiß mit Recht hat man darauf hingewieſen, daß die
Hexerei als das Modeverbrechen der Zeit mancherlei wirkliche Strafthaten — Kindesmord, Giftmiſchen, Quackſalberei —
in ſich aufgenommen, ſie bis zu einem gewiſſen Grade aufgeſogen
habe. Aber darüber hinaus können zu weiteren Zugeſtändniſſen
an eine Schuld der hingemordeten Schlachtopfer nur diejenigen ſich bereit finden, welche der Stimme der Vernunft
nicht Raum geben und vor den zeitgenöſſiſchen Berichten
eines Weier und Spee, wie vor der grauenhaften Anſchau-
lichkeit der Torturprotokolle mit Fleiß die Augen ſich zu-
halten.

Druckfehler.

Seite   3, Zeile 10 v. u. statt wilden Frau Hulda zu lesen „milden Frau Hulda".

„   7, „   6 v. u. statt einem innigen „einen innigen".

„   11, „   9 v. u. statt Majestätsverbrechen „Majestätsverbrechens".

„   20, Anm. 3 ist statt S. S. 89 zu lesen.

„   28, Zeile 9 v. u. statt schickt denn zu lesen „schickt dann".

„   33, „   1 v. o. statt bekannt „bekennt".

„   54, „   3 v. u. statt eine Asch „einen Asch".

„   55, in Anm. muß (16) wegfallen.

„   57, Zeile 5 v. o. statt de veneficis zu lesen „ac veneficis".

„   58, letzte Zeile statt wieder „wider".

„   64 „   9. v. u. statt Denkmantel „Deckmantel".

„   64, Zeile 3 v. u. statt Belzer „Balzer".

„   65, „   3 v. u. statt antrement „entrement".

„   68, „   8 v. o. statt Vergänger „Vorgänger".

„   68, „ 10 v. o. statt erhaben über den „erhaben über dem".

„   73, „ 13 u. 15 fallen die Anführungshäkchen fort.

„   74, „   4 v. o. aliqua zu lesen „et alia".

„   77, „ 10 v. o. statt welche „welchen".

„   77, „ 11 v. o. statt aufbewahrte „aufbewährt".

„   90, „ 11 v. o. „wegen Zauberei" zu streichen.

„   90, „ 14 v. o. hinter „berüchtigten" fehlt „Zauberern".